童心童趣话体育

SPORT

黄映梅 邹金明 主编

中国致公出版社

图书在版编目（CIP）数据

童心童趣话体育 / 黄映梅，邹金明主编. —— 北京：中国致公出版社，2021

ISBN 978-7-5145-1781-1

Ⅰ.①童… Ⅱ.①黄… ②邹… Ⅲ.①体育课—学前教育—教学参考资料 Ⅳ.①G613.7

中国版本图书馆CIP数据核字（2021）第026313号

童心童趣话体育 / 黄映梅，邹金明　主编
TONGXIN TONGQU HUA TIYU

出　　版	中国致公出版社	
	（北京市朝阳区八里庄西里100号住邦2000大厦1号楼西区21层）	
出　　品	北京言之凿文化发展有限公司	
	（北京市昌平区超前路35号）	
发　　行	中国致公出版社（010-66121708）	
作品企划	三名书系	
责任编辑	刘　羽	
责任校对	魏志军	
封面设计	言之凿	
内文设计	李　娜	
责任印制	刘贝贝	
印　　刷	北京政采印刷服务有限公司	
版　　次	2021年11月第1版	
印　　次	2021年11月第1次印刷	
开　　本	787 mm × 1092 mm　1/16	
印　　张	16.75	
字　　数	262千字	
书　　号	ISBN 978-7-5145-1781-1	
定　　价	58.00元	

（版权所有，盗版必究，举报电话：010-82259658）

（如发现印装质量问题，请寄本社调换，电话：010-82259658）

编委会

主　编：黄映梅　邹金明

编　委：王丹霞（广东省黄映梅名园长工作室助理　梅州市梅县区实验幼儿园副园长）

　　　　张雪琴（广东省黄映梅名园长工作室成员　广东梅县外国语学校幼儿园园长）

　　　　杨梅亮（广东省黄映梅名园长工作室成员　大埔县第二实验幼儿园园长）

　　　　刘　兰（广东省黄映梅名园长工作室成员　平远县城南幼儿园园长）

　　　　潘苑苹（广东省黄映梅名园长工作室成员　梅州市梅县区实验幼儿园副园长）

　　　　黄永梅（广东省黄映梅名园长工作室成员　五华县实验幼儿园业务副园长）

　　　　夏嫦珠（梅州市梅县区实验幼儿园后勤副主任）

　　　　余　英（梅州市梅县区实验幼儿园办公室副主任）

　　　　李苑兰（梅州市梅县区实验幼儿园级组长）

前 言

对幼儿园的孩子来说,体育锻炼有利于他们智力的开发,兴趣爱好的发展,身体的茁壮成长,身体各个组织器官平衡协调的发展。因此,体育运动课程作为基础课程,在幼儿园教育课程中的重要性不容忽视。

1. 满足幼儿身心发展需要

一个健康活泼的孩子,其生理发育、心理发育是至关重要的,而好的体魄是在孩子"蹦蹦跳跳"的基础上建立起来的。体育活动能促进儿童的新陈代谢,加速血液循环,刺激骨骼生长。户外运动让幼儿有更多的机会晒太阳,增强抵抗力。

2. 培养幼儿勇敢、抗挫折的精神

儿童在活动中遇到困难,往往会出现胆怯心理,出现"我不敢、我怕"的现象。通过体育活动中教师的耐心引导,孩子会获得勇敢尝试、克服困难的勇气。在一次次地战胜困难后,幼儿就会体验到克服困难的喜悦之情,从而培养他们勇敢、抗挫折的精神。

3. 培养幼儿自信开朗的性格,使幼儿保持愉快的情绪

在体育活动中,教师会经常组织幼儿参加各种各样的游戏,让他们在活动中体会到快乐,从而使幼儿的性格变得活泼开朗起来。

4. 培养幼儿的集体主义精神

丰富多彩的体育活动,既促进了幼儿的身心发展,又增加了锻炼方式的多样性、趣味性、游戏性,更重要的是使幼儿在体育活动中体验集体荣誉感,知道自己是集体的一分子。

众所周知,健康源于运动,体育活动对促进幼儿身心健康发展、增强和提高幼儿对自然环境的适应能力有着极其重要的作用。好的体育课的重要标志是

教师能够最大限度地、合理地运用一节课的时间，提高体育课的效率，以达到增强幼儿体质，促进幼儿更快、更好地掌握多种技能，提高身体素质的目的。

　　经过长时间的调研，人们发现，幼儿园诸多教学活动上均存在不同程度的问题：很多幼儿园的早操局限于简单律动，缺乏适当的运动负荷；体育教学活动过于游戏化，缺乏结构性；户外游戏时间偏少，对器械的利用不够充分；幼儿运动会开展形式单一等。这些问题严重阻碍了幼儿的健康成长和发展。

　　那么，作为幼儿园教师将如何针对幼儿园的实际情况合理规划体育活动项目，如何科学合理地设计幼儿体育教学活动，如何根据幼儿年龄、体质等因素来制定幼儿园体育课程计划与方案呢？

　　《童心童趣话体育》通过体育教案、自制器械、民间体育游戏、教师论文等内容，详尽地阐述了幼儿园体育活动的重要性。

第一章　体育教案

大　班

猎人来了 …………………… 2
创意杯子乐翻天 …………… 4
小螃蟹运金柚 ……………… 6
调皮的小袋鼠 ……………… 8
两人三足 …………………… 10
遇见大灰狼 ………………… 13
玩轮胎 ……………………… 15
蜈蚣走路 …………………… 17
孙悟空的金箍棒 …………… 19
我是投掷小能手 …………… 21

中　班

飞天小能手 ………………… 23
可爱的小青蛙 ……………… 25
蚂蚁搬家 …………………… 27
沙包真好玩 ………………… 29
好玩的游泳圈 ……………… 31
好玩的保龄球 ……………… 33

我的本领大 ………………… 36
好玩的广告纸 ……………… 38
勤劳的小青蛙 ……………… 40
调皮的小袋鼠 ……………… 42
板凳游戏 …………………… 44
齐心协力 …………………… 46
小球找家 …………………… 48
小兔种萝卜 ………………… 50
小兔子跳跳跳 ……………… 52
有趣的地垫 ………………… 54
转转拍拍 …………………… 56

小　班

小兔跳圈 …………………… 58
好玩的足球 ………………… 61
好玩的布垫 ………………… 63
小手真能干 ………………… 65
袋鼠跳跳 …………………… 67
推推乐 ……………………… 69
寻宝之旅 …………………… 71

第二章　自制体育器械

百变可乐瓶⋯⋯⋯⋯⋯⋯ 74
狮子门球⋯⋯⋯⋯⋯⋯⋯ 75
迷你小滚筒⋯⋯⋯⋯⋯⋯ 76
拉力器⋯⋯⋯⋯⋯⋯⋯⋯ 78
杠铃⋯⋯⋯⋯⋯⋯⋯⋯⋯ 79
好玩的球拍⋯⋯⋯⋯⋯⋯ 80
踏石过桥⋯⋯⋯⋯⋯⋯⋯ 81
跳格子⋯⋯⋯⋯⋯⋯⋯⋯ 83
打倒小动物⋯⋯⋯⋯⋯⋯ 84
梅花桩⋯⋯⋯⋯⋯⋯⋯⋯ 85
花样纸球⋯⋯⋯⋯⋯⋯⋯ 86
踩高跷⋯⋯⋯⋯⋯⋯⋯⋯ 87
多功能体育器械⋯⋯⋯⋯ 88
接球器⋯⋯⋯⋯⋯⋯⋯⋯ 89
接球网⋯⋯⋯⋯⋯⋯⋯⋯ 90
独轮车⋯⋯⋯⋯⋯⋯⋯⋯ 91
抛接乐⋯⋯⋯⋯⋯⋯⋯⋯ 92
高尔夫球⋯⋯⋯⋯⋯⋯⋯ 93
愤怒的小鸟⋯⋯⋯⋯⋯⋯ 94
好玩的彩桶⋯⋯⋯⋯⋯⋯ 96
推推乐⋯⋯⋯⋯⋯⋯⋯⋯ 98
趣味小拱门⋯⋯⋯⋯⋯⋯ 99
花样长颈鹿⋯⋯⋯⋯⋯⋯ 101
趣味棍棒⋯⋯⋯⋯⋯⋯⋯ 102
好玩的鞋盒⋯⋯⋯⋯⋯⋯ 103
脚丫印⋯⋯⋯⋯⋯⋯⋯⋯ 104
挑担⋯⋯⋯⋯⋯⋯⋯⋯⋯ 105
有趣的高跷⋯⋯⋯⋯⋯⋯ 106
好玩的油桶⋯⋯⋯⋯⋯⋯ 107
五彩体能圈⋯⋯⋯⋯⋯⋯ 108
魔法弹力球⋯⋯⋯⋯⋯⋯ 109
投壶⋯⋯⋯⋯⋯⋯⋯⋯⋯ 110
一物多玩⋯⋯⋯⋯⋯⋯⋯ 111
体能训练架⋯⋯⋯⋯⋯⋯ 112
协同走⋯⋯⋯⋯⋯⋯⋯⋯ 113
好玩的瓶子⋯⋯⋯⋯⋯⋯ 115
多功能梅花桩⋯⋯⋯⋯⋯ 117
鸡毛毽子⋯⋯⋯⋯⋯⋯⋯ 119
自制飞盘⋯⋯⋯⋯⋯⋯⋯ 120
百变魔棒瓶⋯⋯⋯⋯⋯⋯ 122
彩色山洞⋯⋯⋯⋯⋯⋯⋯ 124

第三章　民间体育游戏

大　班

编花篮 …………………… 126
抬花轿 …………………… 128
滚铁环 …………………… 129
踩高跷 …………………… 130
跳山羊 …………………… 131
骑马打仗 ………………… 132
打石子 …………………… 133
踢燕子 …………………… 134
舞龙灯 …………………… 135
转陀螺 …………………… 136

中　班

木头人 …………………… 137
斗鸡 ……………………… 139
跳皮筋 …………………… 140

丢沙包 …………………… 141
弹珠子 …………………… 142
手推车 …………………… 143
击鼓传花 ………………… 144

小　班

老鹰捉小鸡 ……………… 145
跳房子 …………………… 146
丢手绢 …………………… 147
炒黄豆 …………………… 148
石头剪刀布 ……………… 149
盲人摸人 ………………… 150
捉蜻蜓 …………………… 151
老狼老狼几点了 ………… 152
火车钻山洞 ……………… 153
赶小猪 …………………… 154
套圈 ……………………… 155

3

第四章 论文篇

提高幼儿园体育活动有效性的意义和措施 …………… 158
如何培养幼儿在体育活动中的安全意识 ……………… 163
优化户外体育活动，促进幼儿和谐发展 ……………… 167
谈幼儿园体育活动中教师的指导策略 ………………… 173
开展户外体育活动的有效策略 ………………………… 180
浅议如何加强幼儿体育教育工作 ……………………… 183
如何有效地开展幼儿户外体育活动的刍议 …………… 187
让客家传统民间游戏永驻童心 ………………………… 191
幼儿园开展民间游戏教学的策略 ……………………… 195
小足球游戏在幼儿园教学中的运用 …………………… 200
做好安全预防措施，大胆开展体育活动 ……………… 204
论体育游戏对促进幼儿健康发展的重要性 …………… 210
如何让幼儿安全地进行体育活动 ……………………… 215
户外体育区域活动师幼互动初探 ……………………… 218
体育分区活动中的师幼互动 …………………………… 223
以"一物多玩"促幼儿创造力发展 …………………… 226
利用户外体育区域活动促进幼儿德育的发展 ………… 229
浅谈幼儿园体育活动的重要性 ………………………… 233
幼儿园自制体育器械投放的有效性研究 ……………… 236
开展阳光体育活动，促进幼儿身心健康成长 ………… 240
巧用乡土资源，开展体育运动 ………………………… 244
结合实际开展幼儿民间体育游戏教育活动，促进幼儿德智体全面发展 … 248
区域性体育活动环境的创设 …………………………… 253

第一章

体育教案

《幼儿园教育指导纲要（试行）》指出："体育是促进幼儿全面发展的重要手段，开展丰富多彩的户外游戏和体育活动，用幼儿感兴趣的方式发展基本动作，培养幼儿良好的意志品质，使他们在快乐的童年生活中获得有益于身心发展的经验。"体育活动是教师有目的、有计划地对幼儿实施各种能够促进幼儿身心健康，有效锻炼幼儿的肢体协调能力，促进各种动作发展的丰富多彩的活动，有利于培养幼儿不怕困难、团结合作、勇于创新的精神。

猎人来了

一、教学目的

（1）能灵活地跑动、躲闪，提高幼儿身体的灵活性和协调性。
（2）能听信号，安全行动。
（3）愿意模仿小动物，积极参与游戏。

二、教学准备

外操场、呼啦圈、绳子。

三、活动过程

1. 准备和热身部分

模仿热身操（自由泳、仰泳、转呼啦圈、跑步等）。

2. 游戏

教师口令：根据教师说的身体部位，幼儿快速把手放到相应部位上。

3. 基本部分

游戏：躲避猎人。

玩法：教师问幼儿最喜欢什么动物。然后教师根据幼儿的回答，与幼儿一起模仿该动物向前行进的动作。在行进的过程中，教师随机发出"Bom"的枪声，幼儿听到枪声后快速折回起点。

（1）游戏一：圈圈里的动物请出来。

玩法：请幼儿分组住进圈圈（呼啦圈）房子。教师对着幼儿说："圈圈里的'小兔子'出来。"然后，幼儿变成"小兔子"跳出圈圈，在"小兔子"玩了一会儿后，教师发出"Bom"的枪声，"小兔子"快速返回圈圈。再换另外一种动物，重复进行游戏。

（2）游戏二：猎人来了。

玩法：在听到猎人的枪声后，第一排的幼儿要用最快的速度到达对面的"家"中，路上有一个猎人，千万不要被猎人抓到了。接着第二排的幼儿再继续进行游戏。

四、结束部分

放松：小小手捶一捶，对大腿、手臂等部位进行放松，幼儿之间互相放松。

附

"躲避猎人"游戏图

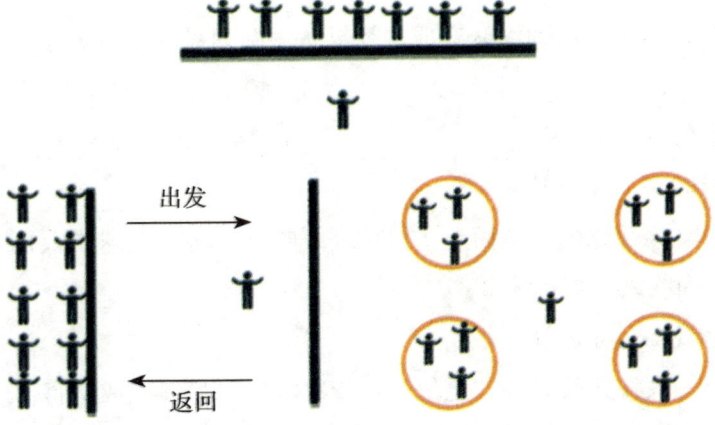

创意杯子乐翻天

一、教学目的

（1）明确游戏规则，通过各种杯子游戏，锻炼幼儿的肺活量，提高幼儿手、眼、腿动作的协调性及身体的灵活性。

（2）探究纸杯的多种玩法，培养幼儿创新思维和大胆尝试的精神。

二、教学准备

纸杯、球、胶带、轻音乐。

三、活动过程

1. 准备和热身部分

（1）集合整队，师幼问好。

（2）队形练习：四列纵队变成两列纵队，两列纵队变成大圆，大圆再变成四列纵队。

2. 基本部分

（1）游戏一：最佳射手。

玩法：将乒乓球放在桌面上，对球缓缓吹气，将乒乓球吹入杯中，看谁在规定的时间内吹入的乒乓球多。

（2）游戏二：捉老鼠。

玩法：一人将乒乓球（"老鼠"）依次滚出，另一人成功将"老鼠"（乒乓球）用杯子罩住，看谁在规定的时间内捉到的"老鼠"多。

（3）游戏三：小心地雷。

玩法：幼儿双手放后面支撑，也可以抱在胸前，双腿伸直，双脚交替越过纸杯，注意双脚不要碰到"地雷"。

（4）游戏四：乌龟爬行记。

玩法："乌龟"先向前爬行，然后倒着爬行，还可以横着爬行，注意不要碰到纸杯。为了挑战自己，还可以把赛道改成"S"或"Z"等字形。

四、结束部分

（1）每人拿一个纸杯跟随音乐做放松动作：用纸杯轻轻敲打手和腿。

（2）结束语：纸杯还有很多好玩的玩法，其他创意纸杯的玩法，等着你去发现哦！

附

"创意杯子乐翻天"游戏图

最佳射手

捉老鼠

小心地雷

乌龟爬行记

小螃蟹运金柚

一、教学目的

（1）练习夹纸球侧走的本领，在行走的过程中保持动作的平衡和协调。
（2）愿意与同伴合作游戏，体验与人合作运纸球的乐趣。

二、教学准备

纸球（金柚）若干、大塑料筐4个、音乐《你笑起来真好看》。

三、活动过程

1. 准备和热身部分

（1）集合整队，师幼问好。
（2）队形练习，营造气氛。
（3）热身游戏：螃蟹来了。

2. 基本部分

（1）游戏一：学习侧走。

玩法：幼儿排四列纵队，1、2队的第一个幼儿和3、4队的第一个幼儿分别抱在一起，从起点处侧走到终点处，然后下一组幼儿出发，直到全部幼儿练习完成。

（2）游戏二：小螃蟹运金柚。

玩法：故事引入，幼儿排四列纵队，分别戴上螃蟹头饰，听到哨声后，1、2队的第一个幼儿和3、4队的第一个幼儿夹住纸球侧走到终点处，把纸球放在塑料筐中，在终点处排好，下一组幼儿夹住纸球出发，直到全部纸球运完。

（3）游戏三：运金柚比赛。

玩法：幼儿排四列纵队，听到哨声后，1、2队的第一个幼儿和3、4队的第一个幼儿分别合作，夹住纸球侧走到终点处，把纸球放在塑料筐中，在终点处排好，然后下一组幼儿夹住纸球出发，如果途中纸球落地，应捡起来继续前进，最快运完金柚的那组为胜。

四、结束部分

播放音乐《你笑起来真好看》，教师带领幼儿做放松动作。

附

"小螃蟹运金柚"游戏图

学习侧走　　　　　　　　　　小螃蟹运金柚

调皮的小袋鼠

一、教学目的

（1）练习两种跳的方法：单脚跳、双脚跳。
（2）乐意参与跳的活动，并努力克服困难。

二、教学准备

袋子、呼啦圈。

三、活动过程

1. 准备和热身部分

（1）集合整队，师幼问好。
（2）热身游戏：小袋鼠跳跳。幼儿自由学小袋鼠跳，教师哨声响起时，幼儿回来集合。

2. 基本部分

（1）游戏一：来回单脚跳比赛。

玩法：教师在队伍前方一定距离处放置呼啦圈。幼儿排四列纵队，每队第一个幼儿先出发，跳到呼啦圈处折返，完成后返回到队伍后面排队，然后下一个幼儿出发，看哪一个队伍先完成。

（2）游戏二：小袋鼠比赛。

玩法：幼儿排成四列纵队，教师在出发处放置一个袋子，每队第一个幼儿听到哨声后，双脚快速伸进袋子，然后双手提着袋子往前跳。跳到呼啦圈处折返，完成后把袋子传给下一个幼儿，看哪一个小组先完成。

（3）游戏三：组合跳。

玩法：幼儿排成四列纵队，教师在出发处放置一个袋子，每队的第一个幼儿听到哨声后，双脚快速伸进袋子，然后双手提着袋子往前跳。跳到呼啦圈处，把袋子脱下来，放到呼啦圈里面，然后单脚跳回起点。接着，第二个幼儿单脚跳出发，跳到呼啦圈处，把袋子套上，双脚跳返回到起点，把袋子传给下一个小朋友，以此类推，直到所有人完成。

四、结束部分

（1）教师带领幼儿边唱儿歌"跳跳跳，双脚跳；跳跳跳，单脚跳；跳跳跳，转身跳；天天跳，身体好"，边进行游戏"小袋鼠比赛"。

（2）结束语，表扬幼儿能坚持跳，热爱运动。

附

"调皮的小袋鼠"游戏图

来回单脚跳比赛

小袋鼠比赛

两人三足

一、教学目的

（1）尝试两人三足，掌握两人三足的要领，锻炼下肢力量。

（2）学会协商和合作，能与同伴按节奏前进。

（3）提高身体的协调性和平衡性，体验合作游戏带来的快乐。

二、教学准备

布条、沙包、筐、标志筒、轮胎、音乐（热身、放松）。

三、活动过程

1. 准备和热身部分

（1）播放音乐《快乐出发》，让大家进行热身活动。

（2）出示布条，让幼儿说说布条有哪些玩法（揪尾巴、蒙眼游戏、开汽车等）。

2. 基本部分

学习两人三足：

（1）幼儿探索两人三足：幼儿两两自由组合，用布条绑在一起，试着走一走。

（2）集合幼儿，总结经验：你们在走的时候遇到了哪些困难？为什么有的小朋友走得好，不摔跤？

（3）教师总结动作要领并示范：一左一右，肩并肩，脚碰脚，系好布条，站直身体，喊着口令，迈出脚步。

（4）幼儿练习两人三足：幼儿自由练习，教师巡回指导，帮助那些还没有掌握方法的幼儿。

3."运粮食"游戏

不同路线，不同难度，让幼儿进行"运粮食"比赛。

玩法：将幼儿分成两组，口令开始，每组队员拿起沙包出发，到终点时把沙包放在筐里，然后返回起点，轮到下一队出发，最快返回起点的那组获胜。

第一次，起点和终点之间不设障碍，起点放沙包，终点摆筐。

第二次，按直线隔一定距离布置标志筒，每组摆5个标志筒，让幼儿蛇形绕过障碍前进。

第三次，按直线放置轮胎，每组摆放8个轮胎，请两位幼儿将中间绑起来的两只脚放在轮胎里面，单个的两只脚在轮胎外面走过去。

四、结束部分

（1）幼儿先敲打按摩腿部，然后随音乐做放松运动。

（2）布置任务：除了两个人一起走，还可以更多人一起走哦！小朋友在家可以试试，下次我们再来挑战。

（3）帮忙收拾器械，整理场地。

附

"两人三足"游戏图

"运粮食"第一次

"运粮食"第二次

"运粮食"第三次

遇见大灰狼

一、教学目的

（1）探索前滚翻的方法，能够在垫子上翻滚。

（2）提高动作的协调性和灵活性。

（3）通过活动，感受体育带来的快乐。

二、教学准备

爬行垫、音乐《圆圈舞》。

三、活动过程

1. 准备和热身部分

让幼儿做小动物模仿操，充分活动身体。

2. 基本部分

（1）故事导入，创设情境。

师：小刺猬是怎样运水果的？遇到了谁？（大灰狼）

师：小刺猬用什么方式躲避大灰狼？（前滚翻）

（2）学习刺猬前滚翻的动作。

① 教师示范前滚翻，并讲解动作方法和要领。

师：蹲下身来，两只手放在身体前面撑在垫子上，低头，使头部在两个支撑点前着垫，两脚向后蹬地，腿蹬直向前滚。

② 个别幼儿示范练习。

③ 分组练习。教师提醒幼儿翻滚的时候尽量将头靠近撑地的双手，协助幼儿练习动作。

（3）游戏：遇见大灰狼。

玩法：

① 讲解游戏规则：孩子们，现在我们扮演小刺猬爬过垫子去森林里面摘水果，遇见"大灰狼"，用前滚翻的方式躲避"大灰狼"。

② 教师扮演大灰狼、幼儿扮演小刺猬进行游戏。

四、结束部分

伴随音乐《圆圈舞》做放松运动，交流今天游戏活动的感受。

附

"遇见大灰狼"游戏图

刺猬前滚翻一   刺猬前滚翻二

玩轮胎

一、教学目的

（1）通过活动学会钻、跳、走、滚的动作。
（2）锻炼身体的协调性和创造性。
（3）培养幼儿勇敢、团结合作的精神。

二、教学准备

（1）轮胎每人一个。事先要跟幼儿说明注意事项。
（2）有玩轮胎的经验，知道轮胎的1~4种玩法。

三、活动过程

1. 准备和热身部分

用轮胎做准备活动：轮胎平放，坐在轮胎上做扩胸、转体、弯腰、弓箭步运动。

2. 基本部分

（1）幼儿交流玩轮胎经验。
（2）教师询问幼儿会用什么方法玩轮胎，并请部分幼儿展示玩法。小朋友示范2~3种玩法。
（3）集中幼儿，请部分幼儿示范合作玩轮胎的过程（滚、钻、跳、在轮胎上走等）。
（4）教师示范玩轮胎动作，并讲解动作要领，具体玩法如下：

①拖轮胎，幼儿将轮胎拖到终点即可。

②滚轮胎，幼儿将轮胎滚到终点即可。

③跳轮胎，幼儿在摆放好的轮胎上跳跃前进。

四、结束部分

（1）放松运动：坐在轮胎上甩手、转动肩关节、捶腿等。

（2）小结幼儿活动情况，对表现突出的幼儿给予贴花奖励，对能力弱的幼儿给予贴花鼓励。比如："小朋友都是能干的探险家，找回这么多的宝藏，让我们一起来数一数，给最多的那组奖励贴花。其他组的小朋友合作也很棒，下次加油。"

（3）收轮胎：请小朋友把轮胎滚回原处。

附

"玩轮胎"游戏图

拖轮胎、滚轮胎

跳轮胎

蜈蚣走路

一、教学目的

（1）培养幼儿不怕困难、互相协作的品质。

（2）学习多人合作行走的技能，锻炼身体的平衡能力。

二、教学准备

（1）长松紧带、垫子、拱形门、椅子。

（2）音乐《一起走》。

三、活动过程

1. 准备和热身部分

（1）集合整队，师幼问好。

（2）口令带动，气氛营造。

（3）热身游戏：蜈蚣走路。

2. 基本部分

（1）教师引导幼儿说说在哪里见过蜈蚣，蜈蚣长什么样子，它又是怎样走路的。

（2）蜈蚣能够站着走，还能够蹲着走，引导幼儿一起来尝试一下蜈蚣的走路方式。

（3）教师小结。

（4）游戏：蜈蚣练本领。

玩法：

① 2~3人学小蜈蚣走路（两手打开，同一脚步，左右左右一步一步向前走）。

② 1~10名幼儿搭肩连在一起，沿场地走一圈，并配上儿歌。

③ 幼儿练习蹲着走，要求动作协调，步伐一致。

④ "小蜈蚣"开始挑战了，学会蹲着绕障碍物走，动作协调，步伐一致，完成任务。

四、结束部分

播放音乐《一起走》，教师带领幼儿一起做放松运动。

附

"蜈蚣走路"游戏图

"蜈蚣练本领"玩法一

"蜈蚣练本领"玩法二

"蜈蚣练本领"玩法三

"蜈蚣练本领"玩法四

孙悟空的金箍棒

一、教学目的

（1）利用器械练习跑、跳等动作，锻炼幼儿的身体协调性和灵活性。
（2）引导幼儿积极探索纸棒的玩法。
（3）在游戏中提高幼儿克服困难、团结合作、遵守规则的意识。

二、教学准备

纸棒、小球。

三、活动过程

1. 准备和热身部分

（1）教师戴上头饰扮演猴王，请"小猴们"（幼儿）也戴上头饰。
（2）出示纸棒，带领幼儿做棍棒操。

2. 基础部分

（1）提供材料，自由练习，让幼儿探索纸棒的玩法。教师提问："你们能想出纸棒的各种玩法吗？"让幼儿自由发挥，教师在一旁观察。
（2）现在"小猴们"都知道了纸棒的玩法，我们来一起玩玩吧。首先，让幼儿将纸棒拼接成两条长纸棒当作小河，自由练习跨过"小河"。接着，教师讲解动作：幼儿距离"小河"8～10步，跑到"小河"前，一脚用力蹬地，另一条腿跳过"小河"，落到"河"对岸。最后，让幼儿两人一组合作，手持纸棒两端，把球当作果子，把"果子"运回家。

四、结束部分

放松身体。

附

"孙悟空的金箍棒"游戏图

跨"小河"

运"果子"

我是投掷小能手

一、教学目的

（1）学习瞄准固定的目标进行投掷。

（2）能遵守游戏规则，掌握投掷的动作要领。

（3）积极主动地参与投掷游戏。

二、教学准备

小沙袋、贴有动物头像的纸箱、音乐《小白兔体操》。

三、活动过程

1. 准备和热身部分

（1）集合整队，幼儿分成四列纵队。

（2）教师带领幼儿跳韵律操《小兔跳跳跳》。

2. 基本部分

（1）情景导入，引起幼儿兴趣。

教师：有一只小兔子在菜地里种了很多大白菜，可是有一些小动物会来偷走它的大白菜，今天我们来帮助小兔子想想办法赶跑那些偷菜的小动物。

（2）引导幼儿讨论帮助小兔子的方法，引出投掷动作。

（3）学习投掷。

① 出示贴有动物头像的纸箱，教师讲解、示范如何往箱子里投掷小沙袋。

② 每个幼儿拿取小沙袋，自由分组练习投掷，教师巡回指导。

③请几名幼儿示范投掷动作，教师指导讲解投掷动作要领。

④幼儿再次自由分组练习投掷，教师巡回指导。

（4）投掷游戏。

玩法：幼儿自由分组，以组为单位进行投掷比赛，每个幼儿只有一次投掷机会。音乐起，比赛开始；音乐停，比赛停止。看哪一组在规定时间内投中的小沙袋多。

四、结束部分

（1）教师小结。

（2）播放音乐，教师带领幼儿做放松身体动作。

附

"我是投掷小能手"游戏图

贴有动物头像的纸箱和投掷的沙袋

投掷比赛

飞天小能手

一、教学目的

（1）学会用摆手、屈膝的方法保持平衡，能从50厘米左右的高处往下跳。

（2）在游戏中培养勇敢、坚强、守纪律的品质。

二、教学准备

（1）海绵垫4张、桌子2张。

（2）幼儿每人一张小椅子、哨子、热身音乐。

三、活动过程

1. 准备和热身部分

（1）教师带领幼儿呈一路纵队绕场慢、中速交替跑1~2圈。

（2）跟着音乐做热身运动。

2. 基本部分

（1）进行队形队列变换。

（2）游戏一：小能手钻树洞。

玩法一：幼儿依次在海绵垫上爬行。

玩法二：幼儿躺在海绵垫上，利用身体匍匐前进。

动作要领：身体贴在地面上，手肘与膝盖内侧轮流用力向前爬。

（3）游戏二：飞天小能手。

动作要领：两手前后自然摆动，膝盖随手臂摆动自然弯曲，再充分向上伸展，往下跳。

请幼儿模仿教师动作，教师进行动作要领提示。落地时前脚掌先着地，膝盖稍弯曲呈蹲状。幼儿原地练习动作多次。

幼儿分成两组进行练习，听教师口令，一个接一个地进入场地进行循环练习。

四、结束部分

（1）教师小结。

（2）教师带领幼儿在音乐声中进行肢体放松活动，自由活动。

附

"飞天小能手"游戏图

小能手钻树洞

飞天小能手

可爱的小青蛙

一、教学目的

（1）尝试用身体来表现各种概念，获得新的运动经验，并体验成功的乐趣。
（2）通过游戏，锻炼平衡能力，形成活泼开朗的性格。
（3）在自由玩曲奇饼干盒的过程中，培养发散性思维和创造性思维。

二、教学准备

饼干盒、平衡板、布垫、荷叶。

三、活动过程

1. 准备和热身部分

以小青蛙到河里去游泳为主线，编排动作活动身体（各种游泳的姿势）。

2. 基本部分

有趣的荷叶游戏

（1）游戏一：荷叶叠叠高。

玩法：

① 青蛙宝宝要从荷叶上快速地走过，有的荷叶高，有的荷叶低，你们有没有信心？

② 幼儿先进行单层盒的平衡练习，再进行两层或多层盒的练习。

（2）游戏二：踏荷叶比赛。

玩法：将幼儿分成两组，先从荷叶上快速走过，从跳垫上爬过，然后走过平衡板，到达终点。

四、结束部分

师生回到教室，对活动进行小结，激发幼儿对下一次活动的兴趣。

附

"可爱的小青蛙"游戏图

荷叶叠叠高

踏荷叶比赛

蚂蚁搬家

一、教学目标

（1）培养身体的灵活性和协调性。
（2）学习足球游戏玩法。
（3）培养幼儿对足球活动的热爱。

二、教学准备

足球场地、足球48个、标志碟若干、绳梯一副。

三、活动过程

1. 准备和热身部分

（1）活动脚踝、腕关节、膝关节、髋关节、肩关节。
（2）教师带领幼儿沿场地慢跑。
（3）教师带领幼儿模仿各种动物进行走、跳、跑、变向等动作。

2. 基本部分

（1）游戏一：蚂蚁搬粮。

玩法：

① 在场地上设置边长15米的正方形区域，中间为"大粮仓"，四个角为"小粮仓"，在"粮仓"里面各放置足球（"粮食"）12个。

② 将幼儿（"小蚂蚁"）分成人数相等的四组，四组幼儿站在正方形区域中间，看哪一组能最快把"小粮仓"的"粮食"运到"大粮仓"里面。

③ 分"粮食"了，看哪一组能运最多的"粮食"到自己的"小粮仓"里面。

④ 游戏采用先玩后比赛的形式进行。

（2）游戏二：蚂蚁抢粮。

玩法：

① 把所有的足球（"粮食"）放到"大粮仓"，幼儿（"小蚂蚁"）从"小粮仓"出发，搬运"大粮仓"的"粮食"，也可以到隔壁的"小粮仓"搬运"粮食"，在规定时间内看哪一组搬运的"粮食"最多。

② 对幼儿分组进行调整，开展多次比赛。

四、结束部分

教师与幼儿坐在地上，对大腿、手臂等部位进行拉伸放松，幼儿之间可互相放松。

附

"蚂蚁搬家"游戏图

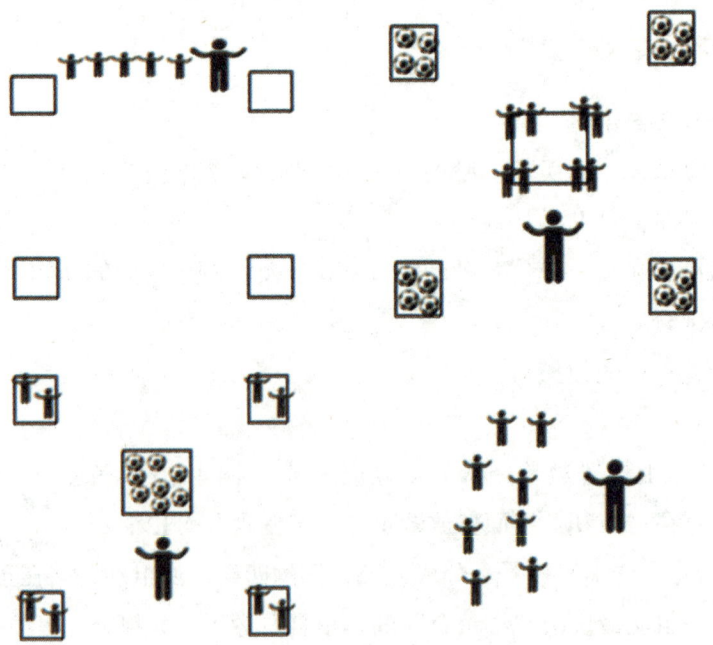

沙包真好玩

一、教学目的

（1）学会夹包跳的动作，培养幼儿的弹跳力和动作的协调性。
（2）培养幼儿与同伴间的合作能力。
（3）喜欢体育活动，体验与同伴游戏的快乐。

二、教学准备

沙包适量。

三、活动过程

1. 准备和热身部分

（1）师幼问好，队列练习。队形变化：绕圆圈、三角形、对角行进。
（2）准备操，听口令做动作。例如，蹲、跳、原地踏步等。

2. 基本部分

（1）幼儿人手一个沙包，自由活动。例如，自己扔、接沙包，互相对接沙包，头顶沙包，手托沙包走，脚背托沙包走，投运等。教师巡回观察指导，对新颖有趣的玩法及时给予肯定，并向其他幼儿推广。

（2）学习夹包跳。集合幼儿分组排队，教师交代活动名称，进行示范讲解：两脚前部夹紧沙包，跳起向前走，沙包不能落地。幼儿自主练习，教师巡回观察指导，对动作完成困难的幼儿给予帮助。

（3）集体夹包跳比赛。让幼儿站立于一条直线上，交代比赛规则：听哨声，每队第一名幼儿开始夹包跳，行进至终点，拿起沙包快跑回来，交给下一名同伴，先完成的队伍获胜。

四、结束部分

放松运动。

附

"沙包真好玩"游戏图

自由活动

夹包跳

好玩的游泳圈

一、教学目的

（1）培养幼儿的走、跑、跳、平衡、投掷等基本技能，锻炼幼儿的协调性和灵敏性。

（2）培养幼儿的尝试精神和创造意识。

二、教学准备

游泳圈、小虫子、青蛙头饰、轻音乐。

三、活动过程

1. 准备和热身部分

（1）集合整队，师幼问好。

（2）口令带动，气氛营造。

（3）热身运动，教师说"可爱的小青蛙"，幼儿就在原地欢快地跳起来。

2. 基本部分

（1）游戏一：小青蛙玩游泳圈。

激发幼儿对游泳圈的兴趣。

玩法：教师扮演青蛙妈妈，说："刚才游泳时，游泳圈帮了许多忙，我们真要谢谢它呢！"启发幼儿进行相应的亲近动作表示感谢，比如，抱抱、拍拍、靠靠、摸摸，把游泳圈高高地举起，抱着游泳圈轻轻地转一圈等。幼儿自由玩游泳圈（个别玩、小组玩、大组玩、集体玩）。

（2）游戏二：小青蛙捉害虫。

玩法：幼儿排成四列纵队，教师在队伍的前面，游泳圈当作荷叶，幼儿跳过"荷叶"去捉害虫。在跳的过程中，幼儿要用脚尖准确地跳到"荷叶"中间，捉害虫的时候要看准目标，捉到害虫后"游"回原来的位置，把害虫放进篮子里。捉到害虫最多的那组获胜。

四、结束部分

（1）让我们坐在游泳圈上休息一下吧！（幼儿随着轻音乐坐在游泳圈上做各种放松动作。）

（2）教师做观天气状，说："哎呀，天要下雨啦！我们赶快背着游泳圈回家吧！"（随着"下雨"的音乐声，小青蛙一起背着游泳圈做游泳的动作回家。）

附

"好玩的游泳圈"游戏图

小青蛙捉害虫

热身运动

好玩的保龄球

一、教学目的

（1）增长滚球知识，锻炼滚球技能，增强手脚控制球的能力。
（2）培养幼儿对滚球击物的兴趣。

二、教学准备

纸筒20个、皮球2个、音乐。

三、活动过程

1. 准备和热身部分

（1）师幼问好，队形练习。
（2）准备活动：跟随音乐《我爱运动》律动。
（3）热身运动：跟随音乐《大家跟我这样做》（小朋友小朋友摇摇头，小朋友小朋友伸伸手，小朋友小朋友扭扭腰，小朋友小朋友跳跳跳，小朋友小朋友停下来）进行活动。

2. 基本部分

感受一物多玩的乐趣。
（1）游戏一：直线打保龄球。
玩法：
① 将10个纸筒摆成正三角形。
② 幼儿站在离纸筒远一点的地方，把皮球向前滚，打倒"保龄球"。

③每人玩一次，击中"保龄球"最多的幼儿为胜利者。

（2）游戏二：分颜色打保龄球。

玩法：幼儿手中拿球，听到信号后，用不同的滚球姿势与动作去撞击放在前方3~5米处的纸筒。每人连续撞击3次，击中2次为合格。

（3）游戏三：打保龄球数字宝宝。

玩法：幼儿可以用不同的滚球姿势，用手中的球去撞击放在前方3~5米处的纸筒，撞倒纸筒数量最多的幼儿为胜利者。

（4）游戏四：小组比赛。

玩法：将幼儿分为两组，两组同时比赛。游戏开始后，队员手持皮球站在划定的警戒线外，哨声响起后，持球队员采用地滚球的方式，以击倒纸筒的数量多少来计分。每人均有2次撞击纸筒的机会，2次成绩相加总分高者胜出。成绩相同者可进行决赛。要求：皮球须接触地面撞击纸筒，砸向纸筒即为犯规。

四、结束部分

（1）小结：感受成功的快乐，对在活动中能遵守规则的幼儿进行肯定、表扬。

（2）放松运动：针对腿部、手部肌肉进行放松动作。

（3）教师总结本次活动中幼儿的表现，并向幼儿提出下次活动的希望。

附

"好玩的保龄球"游戏图

直线打保龄球

分颜色打保龄球

打保龄球数字宝宝　　　　　　　　小组比赛

我的本领大

一、教学目的

（1）练习投掷的动作，自由探索，迁移同伴的经验，努力投准目标。

（2）能积极参与投掷活动，体验团结力量大，分享打败"大灰狼"的成功和喜悦。

（3）鼓励幼儿积极参与游戏，体验游戏带来的快乐。

二、教学准备

（1）将废旧报纸制成大小、重量不一的彩色"石头"。

（2）大灰狼头像、体育器械。

三、活动过程

1. 准备和热身部分

（1）进入场地，活动身体。

幼儿随着《运动员进行曲》的音乐声进入场地，教师带领幼儿做准备活动，如上举、下蹲、弯腰、踢腿、蹦跳。

（2）学习投掷。

① 过渡：最近森林里的大灰狼把小动物们的食物都抢跑了，宝贝们是否愿意一起来帮助这些小动物，把食物抢回来呀？首先我们来练习一些本领，这样才有能力赶跑大灰狼，抢回食物哟。（引出投掷动作）

② 幼儿集体空手练习若干次。

③幼儿选择适合自己的"石头"自由分散练习投掷。

④请几名幼儿示范动作,提示幼儿要抓紧"石头",教师讲解动作的要领:眼睛看着前方,从肩上用力地投出去。

⑤幼儿集体再次拿"石头"练习若干次。

2. 基本部分

(1)游戏一:打怪兽。

(音乐起)"大灰狼来抢食物了!"

玩法:由一名教师手持"大灰狼"头像的盾牌出现,幼儿围追在"大灰狼"旁边,用"石头"把"大灰狼"打跑。

(2)游戏二:给小青蛙喂食。

师:宝宝们真棒,把"大灰狼"赶跑了。看,小青蛙在河的对岸饿得呱呱叫,我们一起蹲过小河给它们喂点食物吧。

玩法:幼儿每人手拿一个纸球,分成三组,以单、双脚跳的方法蹲过小河,来到小青蛙的身边,把手中的纸球投向青蛙的嘴里,看谁投得准。

四、结束部分

幼儿坐成一排,由上至下拍打手和腿,然后同伴间相互敲敲腿。

附

"我的本领大"游戏图

打怪兽

给小青蛙喂食

好玩的广告纸

一、教学目的

（1）利用广告纸，变废为宝，创造性地设计多种玩法。
（2）愿意与同伴进行合作游戏，体验互动游戏的乐趣。

二、教学准备

各种广告宣传纸、画有大灰狼的广告牌一个、音乐。

三、活动过程

1. 准备和热身部分

（1）集合整队，向幼儿介绍手中的广告纸。
（2）幼儿手拿圆形广告纸作为方向盘，听音乐自由地开始活动身体。

2. 基本部分

（1）幼儿自由玩耍，教师观察，适当指导。
（2）集中幼儿交流玩法，表扬有新玩法的幼儿并让他们示范，让其他幼儿学学他们的玩法。
（3）教师和幼儿一起学习广告纸的玩法：
① 把广告纸抛起来再接住。
② 把广告纸夹在两膝盖中间向前跳。
③ 把广告纸放在胸前（不能用手）快速向前跑。
④ 把广告纸放在头上，顶着向前走或跑。

（4）游戏：战胜大灰狼。

玩法：幼儿把手中的广告纸揉搓成纸团，瞄准大灰狼掷去，培养幼儿的相互合作能力，体验互动游戏的乐趣。

四、结束部分

播放音乐，幼儿做放松运动。

附

"好玩的广告纸"游戏图

广告纸玩法一

广告纸玩法二

广告纸玩法三

广告纸玩法四

勤劳的小青蛙

一、教学目的

（1）学习双脚纵跳，同时向高处触物，提高纵跳能力。
（2）提高幼儿的手眼协调能力，锻炼幼儿的动作灵活性。
（3）提高幼儿的专注力，激发其对纵跳和点数的兴趣。

二、教学准备

（1）自制的小虫和"青蛙妈妈"，小青蛙头饰。
（2）绿色呼啦圈、绳索、数字绒布卡、音乐《小跳蛙》。

三、活动过程

1. 准备和热身部分

（1）热身：播放音乐《小跳蛙》，幼儿跟随音乐做热身运动。
（2）带幼儿进入布置好的场地，情景引入。

2. 基本部分

（1）介绍游戏"勤劳的小青蛙"的玩法：幼儿平均分成两组，分别从两排绿色呼啦圈内跳到悬挂着很多小虫的绳索下面。相互背对，向两端出发，双脚并拢向上跳，同时单手触碰小虫并记下自己触碰小虫的总数量。到达各自的端点处取相对应的数字卡片"喂"进自己的"妈妈"嘴巴里。

（2）教师示范讲解纵跳触物的动作要领：身体前倾，双臂后摆预备。双脚用力蹬直，双臂由后往下向前方摆起，腾空时眼睛看着绳索上的小虫，单手举高去触碰。

（3）幼儿原地练习3~5次，然后分两队进行"小青蛙捉虫子"游戏。

（4）中途休息，教师统计各组"妈妈"嘴内的绒布卡上的数字总和，总数多的一方获胜。请幼儿说说自己的经验和体会，表扬个别动作到位的幼儿。

（5）游戏继续，幼儿自由组合，进行比赛。

四、结束部分

（1）鼓励幼儿，可以说：今天的"小青蛙们"非常勤劳，也非常勇敢，捉了很多害虫，把"青蛙妈妈"喂得饱饱的。"妈妈"的病肯定很快就会好的。"小青蛙们"也很累了，该回去休息了。

（2）伴随轻缓音乐做放松运动，结束活动。

附

"勤劳的小青蛙"游戏图

分组跳圈

触碰小虫

"喂妈妈"

调皮的小袋鼠

一、教学目的

（1）通过玩羊角球练习腿部力量及身体平衡能力。

（2）培养幼儿对体育活动的兴趣。

二、教学准备

羊角球、雪糕筒。

三、活动过程

1. 准备和热身部分

（1）热身运动：绕操场跑一圈。

（2）集合队伍。

2. 基本部分

（1）游戏一：夹球原地跳。

玩法：双手抓住两个羊角，两腿夹住球，轻轻地在原地蹦跳（注意不可以让羊角球掉下来）。

（2）游戏二：往返接力跳比赛。

玩法：幼儿分成四组，听到教师哨声后，各队排头向前跳，绕过记号线后返回，将羊角球交给下一名幼儿后到队伍后面排队，依次进行。

（3）游戏三：绕障碍物跳。

玩法：幼儿分成四组，每条道路上设置四个障碍物。每组派出一名幼儿一边跳一边绕过障碍物返回，依次进行。

四、结束部分

教师集合队伍，表扬遵守规则和在游戏活动中表现得好的幼儿。

附

"调皮的小袋鼠"游戏图

往返接力跳比赛

绕障碍物跳

板凳游戏

一、教学目的

（1）通过板凳游戏进一步培养幼儿活泼开朗、自信大方的个性。

（2）进一步锻炼幼儿的运动协调能力。

（3）培养幼儿的创造性，培养幼儿大胆勇敢的品质。

二、教学准备

（1）塑料凳子（无靠背）。

（2）长2米、宽1.5米的较厚体育运动软垫2个。

（3）进行曲音乐、动物模仿操音乐。

三、活动过程

1. 准备和热身部分

（1）幼儿抱板凳进场。

（2）集合幼儿，热身运动。

（3）组织幼儿复习小动物模仿操。

2. 基本部分

（1）引导幼儿利用板凳开展创造性的游戏。

师：刚才小朋友在板凳上做操了。其实还有许多可以和板凳一起做的游戏呢，我们一起来玩吧！有新的玩法要记得告诉老师和其他小朋友哦。

（2）组织幼儿玩集体的板凳游戏。

① 游戏一：穿过森林。

玩法：幼儿排一队在间隔1米的"森林"（板凳做树）里沿"S"形路线穿梭。

② 游戏二：过断桥。

玩法：幼儿排成一队，一个接一个在间隔20厘米的"断桥"（小板凳做桥面）上走过。

③ 游戏三：乌龟爬。

玩法：幼儿在连接起来的凳面上爬过，教师提示幼儿怎样才能爬得又快又稳。

四、结束部分

师：今天我们和小板凳一起玩游戏，大家都累了，我们一起把小板凳送回家吧！

附

"板凳游戏"图

穿过森林

过断桥

乌龟爬

齐心协力

一、教学目的

（1）引导幼儿利用踢、夹、抛等多种方法玩球，培养其开展创造性游戏的能力。

（2）培养幼儿跳跃、挥臂、上肢抛接等运动技能，加快动作速度，以及增强身体协调能力。

二、教学准备

纸球若干、大篮子若干、音乐《你笑起来真好看》。

三、活动过程

1. 准备和热身部分

（1）集合整队，师幼问好。

（2）口令带动，气氛营造。

（3）随音乐的律动一起做伸展热身运动。

2. 基本部分

（1）想象游戏。

①教师出示纸球，并请个别幼儿上来示范。

②再将纸球分发给每个幼儿摸索自己的玩法。

（2）小组游戏活动。

引导幼儿想象出不同的纸球玩法并进行小组游戏活动，教师个别指导。

（3）游戏：齐心协力。

玩法：小组接力比赛。教师提出要求，可以自由成组，但不能用手拿球。

四、结束部分

播放音乐《你笑起来真好看》，教师带领幼儿做放松动作。

附

"齐心协力"游戏图

自由练习

小组接力

小球找家

一、教学目的

（1）提高幼儿身体的灵活性和协调性。
（2）体验足球的乐趣，培养幼儿对足球活动的热爱。

二、教学准备

足球场地、足球30个、标志碟若干、绳梯一副。

三、活动过程

1. 准备和热身部分

热身活动：原地热身，手转圈，左右扭腰，活动手腕脚踝，小步跑加单脚支撑；跑圈热身，结合跑、跳、身体协调动作等热身。

2. 基本部分

（1）游戏一：抱原子。

玩法：

① 幼儿在场地内自由带球，教师突然给一个数字口令"3"，听到口令后，三个人组合在一起。

② 更换不同的数字，重复进行游戏。

（2）游戏二：小球找家。

玩法：

① 在场地内布置彩色碟子和标志筒，幼儿在场地内自由运球。

② 在运球的过程中，教师随机说出房子的颜色。

③ 幼儿听到口令后快速把小球运到该颜色房子旁边。

（3）拓展游戏。

① 结合上面两个游戏，说出房子的颜色口令加上数字口令。

② 多次游戏，幼儿熟悉后进行比赛。

③ 获胜的幼儿奖励一根小火柴，看看谁的火柴多。

四、结束部分

放松运动：小小手捶一捶，对大腿、手臂等部位进行放松，幼儿之间互相放松。

 附

"小球找家"游戏图

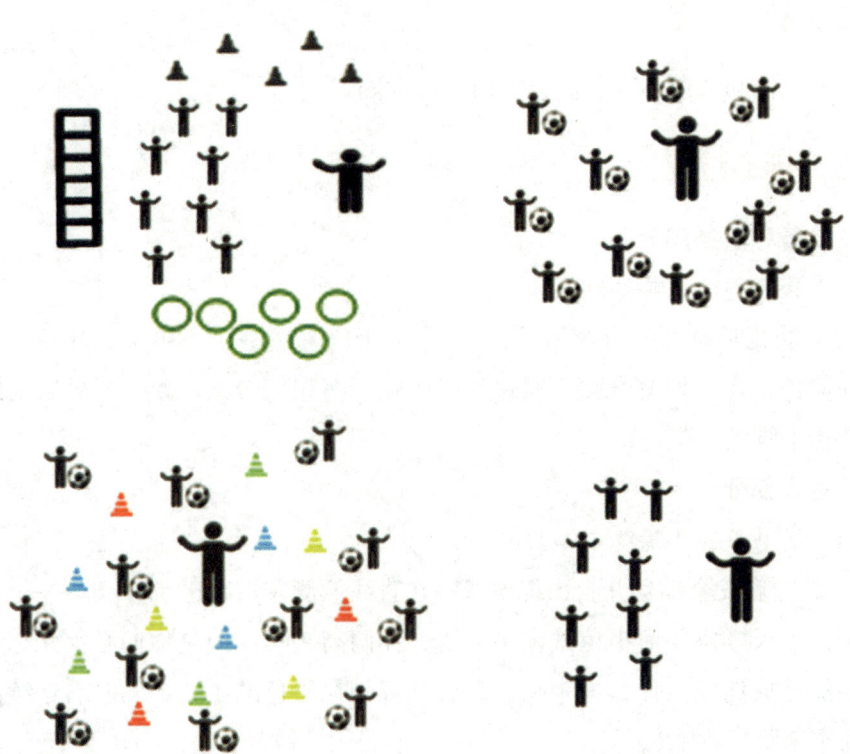

小兔种萝卜

一、教学目的

（1）引导幼儿尝试在直线两侧左右行进跳。
（2）通过"小兔种萝卜"的游戏锻炼幼儿的弹跳能力，提升灵活性。
（3）培养幼儿对体育活动的兴趣，体验与同伴一起游戏的快乐。

二、教学准备

兔子头饰和"萝卜"、筐、拱门、呼啦圈。

三、活动过程

1. 准备和热身部分

（1）集合整队，师幼问好。
（2）幼儿听教师的口令做动作："今天天气真正好，小兔子们起得早，伸伸臂伸伸臂，弯弯腰弯弯腰，踢踢腿踢踢腿，扭扭屁股跳一跳，转转膝盖跳一跳，转转小脚跳一跳。"

2. 基本部分

（1）游戏一：小兔练本领。
① 教师启发全体幼儿自由练习双脚在直线两侧左右行进跳。
师：今天妈妈要请小兔做许多事情，你们高兴吗？但是你们必须先练好本领，才能完成任务。什么本领呢？那就是双脚在彩色的小路两侧左右连续向前跳。大家来跳一跳吧！

②幼儿互相交流，总结动作要领。

③幼儿再次进行练习，学习正确的跳法。教师重点提示幼儿要连续左右跳，身体不转动。

（2）游戏二：种萝卜。

游戏步骤：

①种萝卜。

②给萝卜施肥。

③给萝卜浇水。

④拔萝卜。

四、结束部分

（1）庆丰收："小兔子"一起把萝卜放到筐里。

师：我的兔宝宝真了不起，不但学会了新本领，还帮妈妈干了许多活儿。妈妈好高兴啊！

（2）放松活动。

师：今天兔宝宝太辛苦了，坐下蹬蹬小腿，互相捶捶背吧！

附

"小兔种萝卜"游戏图

自由练习向前跳

庆丰收

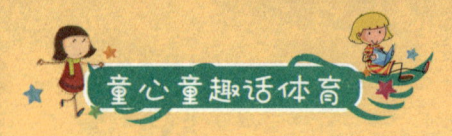

小兔子跳跳跳

一、教学目的

（1）学习双脚跳，弯腰下蹲穿越障碍物。

（2）锻炼幼儿的协调性、灵活性和下肢力量。

（3）提高幼儿的专注力，激发对运动的兴趣。

二、教学准备

自制的旋转运动器械、开阔的场地、音乐《兔子舞》。

三、活动过程

1. 准备和热身部分

（1）热身：播放音乐《兔子舞》，让幼儿学习双脚跳。

（2）情境引入。

师：小朋友，你们喜欢可爱的小兔子吗？小兔子走路是双脚跳的，那么今天我们就一起来扮演小兔子吧！

2. 基本部分

（1）介绍旋转运动器械的玩法，让幼儿知道当遇到障碍物时要双脚跳，弯腰下蹲穿越障碍物。

（2）游戏：小兔子跳跳跳。

玩法：挑战自我，看谁零失误穿越障碍物。游戏时需要有一位教师配合完成，教师负责将器械顺时针旋转起来，幼儿需注意上下方的障碍物，通过双脚跳和弯腰下蹲的动作穿越障碍物,在规定的时间内完成就算挑战胜利。

四、结束部分

师:今天小兔子们都很勇敢,挑战了自我,给你们点赞。

教师给每一名挑战成功的幼儿奖励一朵小红花并予以肯定。

附

"小兔子跳跳跳"游戏图

双脚跳

弯腰下蹲

有趣的地垫

一、教学目的

（1）走不同脚印的小路，培养走、跳的动作技能。

（2）大胆探索不同脚印小路的不同走法，提高肢体动作的协调性和灵活性。

（3）增强规则意识和团队合作意识，体验挑战成功带来的愉悦。

二、教学准备

（1）轻松欢快的背景音乐。

（2）规整排列的手掌脚印、不规整排列的手掌脚印、不同脚印、组合脚印的小路各一条。

三、活动过程

1. 准备和热身部分

幼儿分为两列纵队，然后变成四列纵队，交换走圆圈。

2. 基本部分

（1）师：老师带来了地垫，请你们来玩一玩，看谁玩得花样多，玩得有趣。

（2）幼儿分散进行一物多玩活动。

（3）出示不同的手掌脚印小路，鼓励幼儿大胆尝试用多种方法走过小路。

具体小路如下：

①排列有序、规整的手掌脚印小路。

② 排列无序、不规整的手掌脚印小路。

③ 不同脚印（手掌和全脚掌的脚印）的小路。

④ 组合脚印（手掌、全脚掌的脚印和后脚掌的脚印）的小路。

（4）游戏一：比一比，看谁快。展示四组由四条小路组合而成的长长的路，幼儿站成四列纵队，通过比赛的方式巩固走、跳的动作技能。

（5）游戏二：时空之旅。按阳光道——跳过月亮山——时光隧道——时光草坪道的顺序布置场地。幼儿集体进行游戏，可重复数次。

四、结束部分

在音乐的陪伴下，教师和幼儿一起做放松活动，结束活动。

附

"有趣的地垫"游戏图

分组比赛走小路

转转拍拍

一、教学目的

锻炼幼儿身体的灵活性及反应能力;幼儿学会转身拍球的动作。

二、教学准备

幼儿每人一个篮球、音乐。

三、活动过程

1. 准备和热身部分

(1)听音乐做热身运动。

(2)活动身体,做游戏:长高了、变矮了。

2. 基本部分

(1)师:请小朋友们按顺序从球筐中拿一个球,看哪个小朋友玩的花样多。

(2)幼儿听音乐在场地内自由玩球。

(3)师:我看到很多小朋友玩球的方式跟以前老师教给你们的不一样,让我们一起跟着他们学一学。

(4)师:现在老师来教小朋友们另一种玩法,名字叫"转转拍拍"。教学方式如下:

① 先让幼儿根据字面意思,说出自己的想法并展示玩法。

② 教师进行更正,进一步加深幼儿的印象。

③ 教师示范"转转拍拍"的动作,讲解玩法:幼儿每人一球,活动开始,

幼儿原地拍球5次，将身体旋转一周后，继续拍球5次，反复进行。

④ 教师介绍玩球的规则：拍到第五次时，球必须高过头顶。

⑤ 幼儿自由练习"转转拍拍"。

⑥ 教师和幼儿一起练习转身拍球的动作。

师：小朋友们拍得很认真，现在让我们一起听口令来练习，准备好了吗？教师数数，幼儿拍球转圈。注意喊"5"的时候，教师加重语气，抬高声音，提醒幼儿用力拍球才能高过头顶。

（5）与幼儿探讨玩球的技巧。请学得快的幼儿谈谈对玩球的看法，然后请全体幼儿一起跟着练习，看谁的办法最好。

（6）幼儿自己分组自由比赛。

（7）比赛玩球"转转拍拍"。

四、结束部分

（1）把球放入筐里。

（2）幼儿随教师在音乐陪伴下做放松运动。

附

"转转拍拍"游戏图

原地练习

自由练习

小兔跳圈

一、教学目的

（1）激发幼儿参加体育活动的兴趣。
（2）锻炼幼儿的反应能力及跳跃能力。
（3）培养幼儿双脚向前行进跳的技能。

二、教学准备

兔子头饰，红、黄、蓝、绿色的彩圈。

三、活动过程

1. 准备和热身部分

教师扮演兔妈妈带领幼儿做准备活动。

师：兔宝宝们，今天的天气可真好呀，我们一起到树林里做游戏吧！

2. 基本部分

（1）幼儿扮演角色，自由探索。

师：兔宝宝们，你们看地上有什么？（彩色圈）都有什么颜色的？（红、黄、蓝、绿)你喜欢哪个彩圈?去跳着玩玩吧!(指导幼儿自由地在圈中跳进跳出,熟悉彩圈的颜色。)

师:孩子们,请到大圆圈里站好,"妈妈"和你们玩小兔跳彩圈的游戏,看谁是聪明的小兔。

(2)游戏:小兔跳彩圈。

玩法:

① 游戏开始时,小兔子们排好队走圈,看见彩圈就跳进、跳出。
② 教师组织幼儿进行游戏,着重指导幼儿双脚向前行进跳的动作。
③ 教师指导幼儿分别以集体、分组的形式进行游戏。

四、结束部分

(1)放松练习。

针对幼儿的游戏情况,教师小结后带领幼儿做放松练习。

(2)活动自然结束。

师:孩子们,你们都是聪明的"兔宝宝","妈妈"为你们感到骄傲、自豪,现在就让我们一起跳回家吧!(活动结束)

附

"小兔跳圈"游戏图

教学准备

"小兔跳彩圈"玩法一

"小兔跳彩圈"玩法二

"小兔跳彩圈"玩法三

好玩的足球

一、教学目的

（1）通过说说、议议等活动探索足球的多种玩法。
（2）提高动作的协调性和灵活性。
（3）体验玩足球的乐趣，激发对足球运动的兴趣。

二、教学准备

足球、音乐。

三、活动过程

1. 准备和热身部分

听音乐，有节奏地进行热身活动。

2. 基本部分

（1）了解足球的外形特征。

①师：小朋友们，老师手里拿的是什么？（足球）

师：足球是什么形状的？它像什么？

②看一看、摸一摸，感知、讨论足球的外形。

③总结：足球是球形的，像一个大西瓜，还能滚动，足球有弹性。

（2）探索足球的玩法。

①师：这圆滚滚的足球，可以怎么玩呢？

②自由探索足球的玩法。

师：让我们一起来玩玩足球，看看谁的玩法多。

③示范交流，把探索出来的玩法展示给大家。

师：大家的玩法可真多，谁愿意到前面来玩给小朋友们看？

（3）游戏：传球。

师：老师也有一个有趣的玩法，你们想一起来玩一玩吗？

引导幼儿手拉手围成一个大圆圈，盘腿坐好，每个圈给两个足球，小朋友互相传球。

四、结束部分

（1）在舒缓的音乐声中用足球敲敲腿、滚滚身体。

（2）整理足球，结束活动。

附

"好玩的足球"游戏图

自由探索玩法

示范展示

好玩的布垫

一、教学目的

（1）乐意尝试用垫子玩各种游戏。
（2）能肢体协调地做动作。

二、教学准备

布垫、音乐《健康歌》。

三、活动过程

1. 准备和热身部分
（1）听音乐《健康歌》，教师带幼儿做热身运动。
（2）教师出示布垫，请幼儿认识布垫并引导幼儿自由玩布垫。探索布垫的多种玩法，如头顶布垫平衡走、扔布垫（扔高、扔远）等。

2. 基本部分
游戏：好玩的布垫。
玩法：
（1）教师接到"小猴"的来电，邀请小朋友去"小猴"家做客。教师提出问题："小猴"家很远，我们怎么去？请幼儿想办法，得出答案：开汽车去。教师带领幼儿用布垫进行"开汽车"游戏，并提醒幼儿"开车"时不要拥挤，要遵守交通规则——红灯停、绿灯行，注意交通安全。
（2）汽车开到"大河"边，没法过"河"时，教师再次提问：如何过

"河"去"小猴"家？得出答案：划船过河。教师带领幼儿用布垫开展"划船活动"，练习身体协调地进行"划船"动作。

（3）变换速度"划船"：教师提醒幼儿遇上激流时应慢慢划，激流过后再快快划。

（4）变换方向"划船"：其间分别划过"小鱼"家、"小青蛙"家、"小乌龟"家等。

（5）搭成长长的"船"：河流变窄，教师提醒幼儿让小船排成队变成长长的船，幼儿一个跟着一个，连成一艘长长的船，一起向前划。

四、结束部分

教师带幼儿做放松运动：在"小猴"家做客，坐在小布垫上休息，分享美味可口的食物。

附

"好玩的布垫"游戏图

教学准备

头顶布垫走

小手真能干

一、教学目的

（1）使幼儿掌握骑自行车的要领，锻炼腿部的力量。

（2）促使幼儿身体两侧肌肉力量的协调发展，培养幼儿的平衡、协调能力。

（3）使幼儿形成规则意识，学习合作；提高幼儿的人际交往能力，促进幼儿的社会性发展。

二、教学准备

（1）幼儿自行车、塑料管、大滚筒、工具箱、牛奶盒。

（2）场地设置：加油站、修车铺。

三、活动过程

1. 准备和热身部分

（1）激发幼儿的参与兴趣，教师扮演商店阿姨：孩子们，我买了许多盒牛奶，请你们帮我把它们运回仓库里。

（2）准备运动：我是勤劳的小蜜蜂。

2. 基本部分

（1）幼儿自选角色。

（2）"小手真能干"游戏步骤：

① 司机开车去修理厂对汽车进行检修。

② 司机开着检修好的汽车去加油站加油。

③加满油后司机来到堆放牛奶的地方，开始运输牛奶：货场搬运工负责把牛奶搬到车上，司机负责把牛奶运到仓库（跑道对面），负责仓库的搬运工把牛奶搬下车。

④交换角色，循环游戏。

四、结束部分

（1）放松：我是勤劳的小蜜蜂。

（2）评价活动过程。

附

"小手真能干"游戏图

开车检修

加油

运输牛奶

袋鼠跳跳

一、教学目的

（1）练习行进跳跃，培养身体的协调能力，提高反应能力和控制能力。

（2）乐于参与体育游戏，体验游戏的乐趣。

二、教学准备

袋鼠头饰、铃一个、各种动物标志4~5个、音乐。

三、活动过程

1. 准备和热身部分

（1）教师扮演袋鼠妈妈、幼儿扮演小袋鼠进入场地。

（2）听音乐，做四肢及身体各部位的放松运动。

2. 基本部分

（1）游戏一：袋鼠跳跳。

玩法：

① "袋鼠妈妈"示范跳跃行进，"小袋鼠"分散练习。

② 讲解游戏方法：听铃声的快慢做不同的跳跃行进。

③ "小袋鼠"开展游戏，重复进行。

（2）游戏二："袋鼠妈妈"和"小袋鼠"双人跳。

玩法：

① 请一幼儿扮"袋鼠妈妈"站在前，教师扮"小袋鼠"站在后，双手搭住

"袋鼠妈妈"的肩，一起跳跃行进。

②幼儿自由结对，练习双人跳跃行进。

③"袋鼠妈妈"和"小袋鼠"站在场地中央，随音乐跳跃行进至一只动物家做客，然后再返回中央。游戏重复数次。

四、结束部分

教师带领幼儿做放松运动。

附

"袋鼠跳跳"游戏图

推推乐

一、教学目的

通过玩小推车,帮助幼儿学习推、拉、走的动作,培养幼儿对体育活动的兴趣。

二、教学准备

奶粉罐。

三、活动过程

1. 准备和热身部分

教师以小动物的口吻,和幼儿一起做准备活动:

小猫早上起来,和妈妈一起做早操,

伸伸臂、伸伸臂,拍拍肩、拍拍肩,

扭扭腰、扭扭腰,踢踢腿、踢踢腿,

……

早上锻炼身体棒(重复两遍)。

2. 基本部分

出示小推车。

(1)师:这是什么?是用来干什么的?你是怎样玩的?(幼儿自由玩耍。)

(2)分散游戏:幼儿每人一辆小推车,在教师的带领下,用推、拉的方法移动小推车。

（3）在幼儿分散练习后，幼儿自选走小路。（路上设置障碍：树林、小桥、小路，教师单独指导个别胆小的幼儿。）

（4）幼儿自由玩小推车，进一步培养幼儿对体育活动的兴趣。

四、结束部分

提醒幼儿物归原处，整齐摆放。

附

"推推乐"游戏图

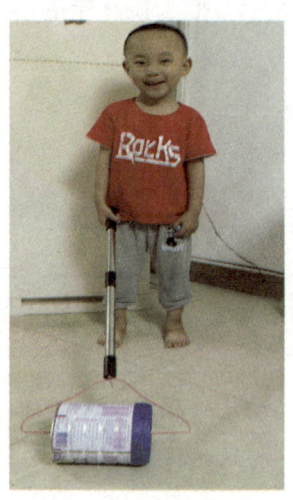

玩小推车

寻宝之旅

一、教学目的

（1）培养幼儿的走、跑、跳、投掷、保持平衡等基本技能，训练身体的协调性和灵活性。

（2）培养幼儿的尝试精神和创造意识。

二、教学准备

地图、任务卡、任务材料、操作台等。

三、活动过程

1. 准备和热身部分

（1）集合整队，师幼问好。

（2）准备运动，舒展身体各个关节与肌肉。

（3）热身运动：奔跑的小马。

2. 基本部分

（1）介绍游戏的由来。

游戏"寻宝之旅"是对民间游戏捉迷藏的升级，起初的规则是在特定范围内，幼儿通过猜拳选定一个寻找者，其余人为躲藏者。寻找者须背对着大家数数，其他人须躲藏在游戏范围内的同一空间，一旦有一名躲藏者被发现，则游戏结束，最先被找到的躲藏者为下一轮的寻找者，游戏可反复进行。幼儿在游戏过程中，对游戏难度提出了更高层次的挑战，从而产生了"寻宝之旅"。

"寻宝之旅"是指幼儿在特定范围与时间内,根据教师提供的地图和任务卡寻找出需要完成任务的材料,按照提供的材料完成作品,先完成任务的小组为获胜方。

(2)游戏:寻宝之旅。

玩法:在规定时间内完成任务卡所指派的任务,未在30分钟内完成任务,"寻宝之旅"游戏失败;在游戏过程中,应保持良好秩序;幼儿找到材料后,回到出发点完成规定任务。

四、结束部分

哪一组完成了今天的"寻宝之旅"并且完成了组装任务?你们组为什么能够完成任务?(师幼一起分享寻宝经验。)

附

"寻宝之旅"游戏图

寻找任务材料

完成作品

第二章 自制体育器械

体育活动是幼儿一日生活的重要内容,器械是幼儿体育活动必不可少的物质条件。《幼儿园工作规程》第三十条中明确指出:幼儿园应因地制宜,就地取材,自制教具。教师应根据幼儿的年龄特点,以锻炼幼儿的身体和帮助幼儿学习基本动作为目的,利用现有的条件自制器械。幼儿园自制体育器械并供幼儿活动使用,不仅对提升幼儿的创新能力、动手实践能力、社会交往能力有重要意义,还对激发幼儿参与活动的积极性与主动性,提高幼儿的运动能力有重要意义。同时,在教师组织下让幼儿探索器械的不同玩法,可以使幼儿在最大兴趣的"玩"中达到锻炼的目的,在游戏中体验自制体育器械带来的快乐,最大限度促进幼儿的发展。

百变可乐瓶

1. 基本信息

器械名称	百变可乐瓶
适合年龄	3～4岁
材料	可乐瓶（1.5L）、呼啦圈（直径50cm）

2. 玩法

玩法一：将可乐瓶串起来，形成一条直线。幼儿分成3组，每组5人，从起点跨跳到终点后回到等候区，看哪一组最先完成任务。

玩法二：把可乐瓶两两拼接，横放在幼儿面前。幼儿分成2组，每队7人，双脚齐步跳过可乐瓶，看哪一组最先完成任务。

玩法三：可乐瓶两两拼接，竖立放在离幼儿2米的距离，幼儿手拿呼啦圈进行套圈，看谁套得又快又多。

玩法一

玩法二

玩法三

狮子门球

1. 基本信息

器械名称	狮子门球
适合年龄	3~4岁
材料	纸箱（34cm×20cm×20cm）、纸质棍（30cm）、矿泉水瓶（350mL）、纸球（直径8cm）、狮子头饰

2. 玩法

在击球的基础上，尝试击球进门。将球放在地面，幼儿双手持球棍的一端，身体略弯，站在指定位置将球打进洞口。

双手持球棍

将球打进洞口

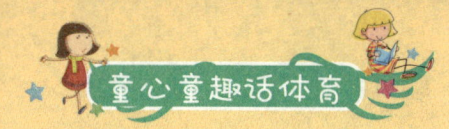

迷你小滚筒

1. 基本信息

器械名称	迷你小滚筒
适合年龄	3~4岁
材料	PVC管（1m）、奶粉罐（900g包装）、铁丝

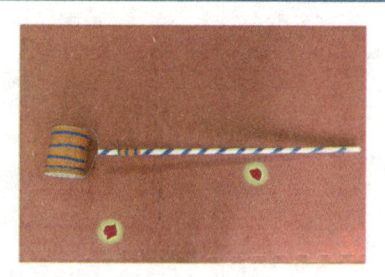

2. 玩法

玩法一：手臂力量练习。幼儿任意一只手或者双手握着滚筒柄，向前或者向后推、拉。

玩法二：腿部练习。幼儿任意一只手或者双手握着滚筒柄，向前或者向后走动或者跑动，带动滚筒向前或者向后推、拉。

玩法一

玩法二

玩法三：手眼练习。幼儿任意一只手或者双手握着滚筒柄，向前绕着障碍物走动或者跑动。
玩法四：身体协调性练习。幼儿任意一只手或者双手握着滚筒柄，向着障碍物（小山坡）往上或者往下推、拉。
玩法五：膝关节练习。幼儿蹲着，任意一只手或者双手握着滚筒柄，向前或者向后推、拉。

玩法三　　　　　　玩法四　　　　　　玩法五

拉力器

1. 基本信息

器械名称	拉力器
适合年龄	3～4岁
材料	酸奶瓶、弹力松紧带

2. 玩法

玩法一：幼儿两手握住拉力器两端的酸奶瓶，双手上举后向两边拉开。
玩法二：幼儿模仿射箭动作，拉开拉力器后呈斜上举状。
玩法三：幼儿一脚踩住拉力器一端，双手拉起另一端。

玩法一

玩法二

玩法三

杠 铃

1. 基本信息

器械名称	杠铃
适合年龄	3~4岁
材料	废旧的椰汁罐（245mL）、报纸棒（50cm）

2. 玩法

玩法一：根据幼儿能力的不同，把报纸棒叠成不同高度的障碍物，让幼儿用跨或跳的方式依次越过障碍物。

玩法二：幼儿双手抓住报纸棒，经过身体前面举过头顶。

    玩法一   玩法二

好玩的球拍

1. 基本信息

器械名称	好玩的球拍
适合年龄	3~4岁
材料	广告扇子、报纸

2. 玩法

玩法一：幼儿向上抛纸毽子并在纸毽子下落的过程中接住，保持不让纸毽子掉在地上。
玩法二：幼儿相距1.5米面对面站立，互抛互接纸毽子，保持不让纸毽子掉在地上。

玩法一

玩法二

踏石过桥

1. 基本信息

器械名称	踏石过桥
适合年龄	3～4岁
材料	奶粉罐、PVC管

2. 玩法

玩法一：将梅花桩按照相等的距离逐个摆放，幼儿一脚一个往前走，可以训练幼儿的平衡能力。

玩法一

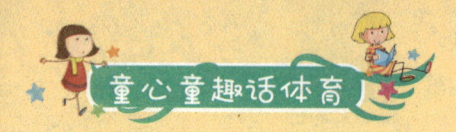

玩法二：将梅花桩按照相等的距离逐个摆放，幼儿以"S"形路线绕过梅花桩后进行跨跳。

玩法三：幼儿挑担子，绕障碍物行走，训练幼儿身体动作的协调性、灵活性。

玩法二   玩法三

跳格子

1. 基本信息

器械名称	格子
适合年龄	4~5岁
材料	PVC管（40cm，6根）、绳子

2. 玩法

幼儿按照图片提示完成跳格子游戏，可单脚跳、双脚跳、分开双脚跳。游戏有单人跳、双人跳、多人分组跳等多种形式，参加人数按实际情况调整。此运动可提高幼儿的反应能力，帮助幼儿练习单脚跳和双脚跳的动作，锻炼腿部力量。

自制跳格子

分组跳

双脚跳

双脚分开跳

打倒小动物

1. 基本信息

器械名称	小动物
适合年龄	4～5岁
材料	易拉罐（250mL）、圆形纸板（直径30cm）、报纸球（直径8cm）

2. 玩法

把制作好的废纸板当作小动物，幼儿站在离动物1.5米的位置，手持小球，用力抛出，击打"小动物"，直至击倒为止；也可以几名幼儿进行比赛。

幼儿手持小球

进行比赛

梅花桩

1. 基本信息

器械名称	梅花桩	
适合年龄	4～5岁	
材料	奶粉罐（900g包装）、麻绳	

2. 玩法

玩法一：梅花桩保持一定的间距摆放，幼儿迂回绕跑。
玩法二：梅花桩保持一定的间距摆放，幼儿迂回跨跳。
玩法三：梅花桩保持一定的间距摆放，幼儿双手着地迂回向前爬。

玩法一　　　　　　　玩法二　　　　　　　玩法三

花样纸球

1. 基本信息

器械名称	花样纸球
适合年龄	4～5岁
材料	纸球（直径10cm和直径5cm）、塑料篮、雪糕筒

2. 玩法

玩法一：幼儿相隔2米，一方手握纸球投向另一方，另一方用塑料篮接球，接到纸球多的一方获胜。

玩法二：幼儿分成两组，用脚带球从一端绕雪糕筒到另一端，最先到达者获胜。

玩法三：幼儿分成两组，手握球从一端绕雪糕筒跑到离动物头饰盒子的1.5米处，蹲下把小纸球投进"动物"张大的嘴巴内，投入球多的一组获胜。

玩法一

玩法二

玩法三

踩高跷

1. 基本信息

器械名称	高跷
适合年龄	5～6岁
材料	木材若干

2. 玩法

玩法一：幼儿分为四组，踩高跷绕着雪糕筒走"S"形路线，谁最先到达终点就算赢。
玩法二：幼儿分成四组，每组5人，第一排幼儿踩高跷到达终点后回到起点，将高跷交给第二排的幼儿，以此类推，直到最后一排幼儿回到起点，哪一组最先完成就算赢。

玩法一　　　　　　　　　玩法二

多功能体育器械

1. 基本信息

器械名称	多功能体育器械
适合年龄	5～6岁
材料	PVC管、拉力器

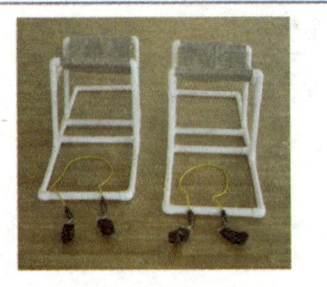

2. 玩法

玩法一：幼儿握住器械把手进行手部训练。
玩法二：幼儿利用拉力器进行腿部训练。
玩法三：两名幼儿合作把篮球放在器材上面运至终点。

玩法一（a）

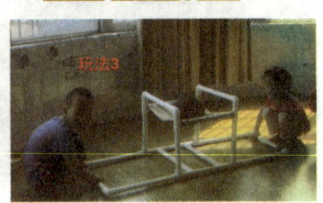

玩法一（b）　　　玩法二　　　玩法三

接球器

1. 基本信息

器械名称	接球器
适合年龄	5～6岁
材料	报纸球（直径25cm）、透明胶、塑料杯子、绳子（50cm）

2. 玩法

玩法一：抛球，锻炼幼儿的手眼协调能力，提高肢体的灵活性。
玩法二：踢球，提高幼儿的手、眼、脚协调性。
玩法三：甩球，锻炼幼儿的手臂力量。

玩法一

玩法二

玩法三

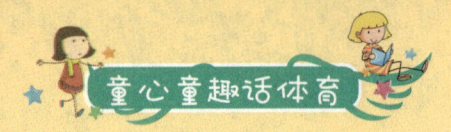

接球网

1. 基本信息

器械名称	接球网
适合年龄	5～6岁
材料	呼啦圈（直径45cm）、绳子

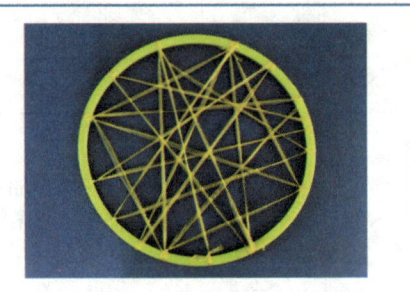

2. 玩法

玩法一：幼儿拿起接球网，向上抛接球。
玩法二：两名幼儿用接球网互相传球。

玩法一

玩法二

独轮车

1. 基本信息

器械名称	独轮车
适合年龄	5~6岁
材料	独轮车、篮子、报纸球（直径8cm）

2. 玩法

玩法一：幼儿手握独轮车把手，将车推到指定地点后返回，将车交给后面的幼儿继续游戏。

玩法二：将幼儿分为四组，每组幼儿将报纸球放入篮子，运送到终点，然后放下球，最快将报纸球运送到终点的小组为赢。

玩法三：幼儿手推独轮车，等"乘客"坐好扶稳后，推着车平稳地往前走，到达终点后，先放好独轮车，"乘客"才能下车。

玩法一　　　　　　玩法二　　　　　　玩法三

抛接乐

1. 基本信息

器械名称	抛接乐
适合年龄	5~6岁
材料	矿泉水瓶（500mL）、绳子、小球

2. 玩法

幼儿一手握瓶，将绳子甩起来，把球抛进瓶里。通过该动作锻炼幼儿的抛接能力，锻炼手臂的力量，提高身体的协调性和灵活性，提高控球能力及手眼协调能力。

幼儿手握瓶子

用瓶子接球

高尔夫球

1. 基本信息

器械名称	高尔夫球
适合年龄	5～6岁
材料	纸箱、PVC管（直径5～6cm）、矿泉水瓶（500mL）、报纸团（直径8cm）

2. 玩法

用矿泉水瓶作为球头，PVC管作为杆身，纸团作为球，纸箱当作球洞。以纸箱圆洞为进球目标，让幼儿模拟打高尔夫球的动作击球进洞，练习推球的技能；也可以让幼儿与多位同伴进行比赛，既能有效地帮助幼儿练习打高尔夫球的技能，又能锻炼幼儿手眼与脑部的协调能力。

击球

球进洞

愤怒的小鸟

1. 基本信息

器械名称	愤怒的小鸟
适合年龄	5～6岁
材料	奶粉罐（900g包装）、纸箱（160cm×40cm×80cm）、呼啦圈（直径40cm）、沙包

2. 玩法

玩法一：眼力和手臂力量的训练。幼儿用沙包进行投掷，把小鸟打下来。此游戏可以提高幼儿动作的协调性和灵活性。

玩法一

玩法二：在城堡外摆放呼啦圈，幼儿通过障碍物（可跳圈、钻圈等），最后拿起"武器"（沙包），击打目标，将"小动物"救出。在此过程中可让幼儿自己探索如何穿越重重障碍完成任务。

玩法三：利用这些瓶罐进行套圈游戏。

玩法四：让幼儿利用这些材料搭建自己喜欢的城堡。

玩法二

玩法三

玩法四

好玩的彩桶

1. 基本信息

器械名称	好玩的彩桶
适合年龄	5~6岁
材料	废旧油桶（5L）、海绵棒、竹竿（长1m）

2. 玩法

玩法一：两名幼儿两手各提一个彩桶，从塑料墩上的一端走向另一端，速度快的一方获胜。

玩法二：幼儿分为两组，每人肩挑两个彩桶，从独木桥的一端走向另一端，再返回，移交给自己队的另一名幼儿，后者继续挑着彩桶过独木桥，最先接力完成的一组获胜。

玩法一

玩法二

玩法三：幼儿分两组分别从彩桶上面的竹竿跨过，最先通过的一组获胜。
玩法四：幼儿从彩桶上的竹竿和海绵棒中间钻过，全部通过且不碰落竹竿者获胜。

玩法三　　　　　　　　　　玩法四

推推乐

1. 基本信息

器械名称	推推乐
适合年龄	3～5岁
材料	奶粉罐（900g包装）、PVC管、布、皮球

2. 玩法

幼儿手握独轮车把手，将车推到指定地点后返回，交给后面的幼儿继续游戏。幼儿分组推小车，运送皮球向前跑，在此过程中皮球不掉落即为胜利。

手推独轮车

绕过障碍物

趣味小拱门

1. 基本信息

器械名称	趣味小拱门	
适合年龄	3~5岁	
材料	废纸板、牛奶箱	

2. 玩法

玩法一：过隧道。幼儿自由匍匐钻爬，通过隧道。
玩法二：赶球。幼儿手持小赶球棍，将球从拱门弯道入口赶到出口即可。

玩法一

玩法二

玩法三：弯道赛跑。幼儿进行弯道赛跑，看谁用时最短。

玩法四：滚球或踢球入门。幼儿将小拱门作为球门，用手滚球入门或者用脚踢球入门。

玩法三　　　　　　　　　　玩法四

花样长颈鹿

1. 基本信息

器械名称	花样长颈鹿
适合年龄	3~5岁
材料	纸箱（60cm×35cm×35cm）、矿泉水瓶（350mL）、套圈（直径20cm）、纸球（直径8cm）

2. 玩法

玩法一：投篮。先让幼儿探索纸团的玩法，手握纸团，瞄准篮筐投篮。
玩法二：投球。将器械并列放在中间，幼儿与器械间隔一定的距离，把球投进洞里。
玩法三：套圈。幼儿与器械间隔一定的距离，然后手拿套圈，将其套到器械的脖子上。

玩法一　　　　　玩法二　　　　　玩法三

趣味棍棒

1. 基本信息

器械名称	趣味棍棒
适合年龄	3～5岁
材料	用报纸卷成的长短不一的棒、纸球（直径8cm）

2. 玩法

玩法一：跳房子（小、中班）。教师或幼儿将棍棒自由拼成各种图案，让幼儿练习双脚或单脚连续向前跳。

玩法二：赶小猪（中、大班）。幼儿用棍棒将球赶到指定地点，游戏期间要保持身体平衡。该玩法可提高幼儿的控球能力。

玩法三：跨栏（中、大班）。栏的高低根据幼儿的能力设定，幼儿用助跑进行跨跳。该玩法可锻炼幼儿的腿部力量，提高动作的协调性和灵活性。

玩法一

玩法二

玩法三

好玩的鞋盒

1. 基本信息

器械名称	好玩的鞋盒
适合年龄	3～5岁
材料	鞋盒（20cm×15cm×8cm）

2. 玩法

玩法一：将幼儿分成四组，每位幼儿各自穿上"鞋盒脚丫"，哨声响后开始比赛，幼儿穿越障碍区到达终点。

玩法二：将幼儿分成四组，每位幼儿手脚分别套上"鞋盒大手"和"鞋盒脚丫"，哨声响后开始比赛，幼儿爬行穿越障碍区到达终点。

玩法三：将幼儿分成四组，幼儿学乌龟姿势准备，教师把鞋盒放在幼儿的背上，哨声响后开始比赛，幼儿爬行穿越障碍区到达终点。

玩法一　　　　　　　玩法二　　　　　　　玩法三

脚丫印

1. 基本信息

器械名称	脚丫印
适合年龄	3～5岁
材料	无纺布（18cm×24cm）、防滑垫、魔术贴

2. 玩法

玩法一：双脚跳训练。设计双脚路线，幼儿练习连续双脚跳。可根据幼儿的能力，调整不同难度的跳远距离。

玩法二：单脚跳训练。设计单脚路线，幼儿练习连续同一边单脚跳。可根据幼儿的能力，调整不同难度的跳远距离。

玩法三：组合跳。设计单脚与双脚结合的路线，幼儿根据脚丫印进行单、双脚跳。

玩法一

玩法二　　　　　　　　玩法三

挑 担

1. 基本信息

器械名称	挑担
适合年龄	3~5岁
材料	可乐瓶（2L）、石子、PVC管（1m）

2. 玩法

教师帮助幼儿将挑担担在肩上，双手可前后放置或平行放置，可适当增加游戏难度，如走梅花桩、平衡木、绕障碍物等。

制作好的挑担

有趣的高跷

1. 基本信息

器械名称	有趣的高跷
适合年龄	3～5岁
材料	奶粉罐（900g包装）、绳子

2. 玩法

玩法一：双脚踩高跷。幼儿自由双脚踩高跷前进。
玩法二：抬脚踩高跷。幼儿抬脚踩高跷前进。
玩法三：踩罐子过桥。幼儿将罐子当作小石桥，踩罐子过桥。

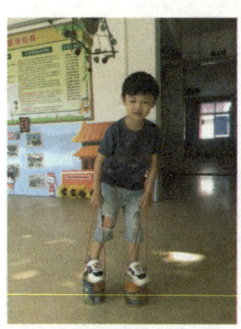  

玩法一　　　　　玩法二　　　　　玩法三

好玩的油桶

1. 基本信息

器械名称	好玩的油桶
适合年龄	3~5岁
材料	废旧油桶（5L）、扫把棍、颜料

2. 玩法

玩法一：赶球。幼儿手持小赶球棍，将球赶进油桶上开的洞即可。
玩法二：举重。幼儿将油桶当作杠铃进行举重游戏，杠铃重量可适当调整。
玩法三：跨栏跳跃。幼儿利用油桶进行跨栏与双脚跳跃游戏，跨栏高度可相应调整。
玩法四：钻爬及匍匐前进。幼儿自由匍匐钻爬。

玩法一

玩法二

玩法三

玩法四

五彩体能圈

1. 基本信息

器械名称	五彩体能圈
适合年龄	3~5岁
材料	奶粉罐（900g包装）、纸板、透明胶、玻璃纸、呼啦圈

2. 玩法

玩法一：蚂蚁钻洞。培养幼儿匍匐爬行的能力。
玩法二：滚圈。培养幼儿的手脚协调能力。
玩法三：跳一跳。幼儿单脚跳圈或立定跳圈，该玩法可提高幼儿肢体的灵活性和协调性。

玩法一　　　　　玩法二　　　　　玩法三

魔法弹力球

1. 基本信息

器械名称	魔法弹力球
适合年龄	3~5岁
材料	废旧报纸、玻璃纸、透明胶、弹力绳（70cm）

2. 玩法

玩法一：弹力拍球，锻炼幼儿的手眼协调能力，提高幼儿肢体的灵活性。
玩法二：弹力踢球，培养幼儿的手、眼、脚协调性。
玩法三：甩球，锻炼幼儿的手臂力量。

玩法一　　　　　玩法二　　　　　玩法三

投 壶

1. 基本信息

器械名称	投壶
适合年龄	3～5岁
材料	奶粉罐（或薯片罐）、泡沫板（或卡纸）、一次性筷子

2. 玩法

幼儿将自己手里的4支"箭"投进奶粉罐（或薯片罐）里。一支"箭"为1分，投进罐子里得1分，没有投进不得分。

投壶远景图

投壶近景图

一物多玩

1. 基本信息

器械名称	一物多玩
适合年龄	4~6岁
材料	矿泉水瓶（350mL）、报纸球（直径15cm）、纸箱（70cm×50cm×50cm）

2. 玩法

玩法一：踢球进洞。幼儿距离纸箱3~5米，间距可根据幼儿能力适当调整。幼儿将纸球踢进纸箱里面，看谁踢得准，踢进去的次数多。

玩法二：小小保龄球。在纸箱前面摆好彩色水瓶，幼儿距离纸箱3~5米，间距可逐步提高。幼儿采用抛、丢、踢等方式将所有瓶子击倒。

玩法一

玩法二

体能训练架

1. 基本信息

器械名称	体能训练架
适合年龄	4~6岁
材料	PVC管、塑料圈、玻璃纸

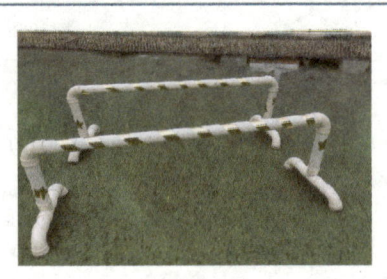

2. 玩法

玩法一：钻爬。幼儿从训练架下自由爬过。
玩法二：跨栏。训练架依次摆放，每个训练架相隔一定的距离，幼儿依次跨过。
玩法三：踢球进门。幼儿把球踢到训练架下方，进行"踢球进门"的游戏。

玩法一

玩法二

玩法三

协同走

1. 基本信息

器械名称	协同走板
适合年龄	4~6岁
材料	木板（70cm×20cm、100cm×20cm）、橡皮筋

2. 玩法

玩法一：两人或三人一组，面朝同一个方向，将"大鞋"穿在脚上，同步前进或后退。

玩法一（a）：两人行

玩法一（b）：三人行

玩法二：两人一组，面对面，将"大鞋"穿在脚上，往同一方向移动。

玩法三：增加难度，布置标志筒，幼儿进行穿越障碍赛。幼儿分为三组，两人或三人一组，将"大鞋"穿在脚上，从起点出发，绕标志筒以"S"形路线前进，先返回起点者为赢。

玩法二　　　　　　　　　　玩法三

好玩的瓶子

1. 基本信息

器械名称	好玩的瓶子
适合年龄	4～6岁
材料	矿泉水瓶（500mL）、瓶盖

2. 玩法

玩法一：跨栏。将瓶子通过其侧边粘贴的瓶盖连接成跨栏，幼儿进行跨跳训练。每个瓶子的侧边都粘贴有两个瓶盖，可以通过连接不同的接口来调整跨栏的高度。

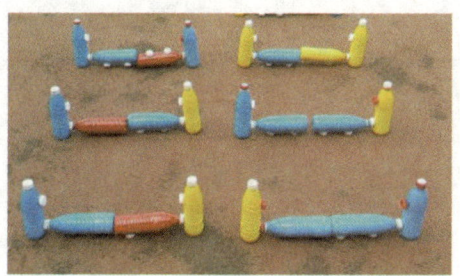

玩法一

玩法二：打保龄球。将瓶子在地上摆放好，再准备一个幼儿篮球，幼儿可进行"打保龄球"的游戏。

玩法三：建构游戏。幼儿将瓶子连接成各种各样的造型，从而锻炼他们的动手能力、想象力。

玩法四：跳房子。用水瓶摆好格子"房子"，幼儿可进行"跳房子"游戏，锻炼弹跳能力。

玩法二

幼儿篮球

玩法三

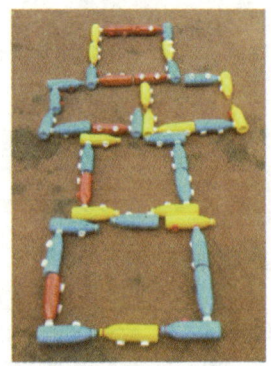

玩法四

多功能梅花桩

1. 基本信息

器械名称	多功能梅花桩  
适合年龄	4~6岁
材料	奶粉罐（900g包装）、一次性塑料碗、橡皮泥球、丝带

2. 玩法

玩法一：绕梅花桩。幼儿拿取第一幅图中的一样教具（左边的适合大班幼儿，右边的适合中班幼儿），通过丝带将其固定在头上。将奶粉罐按相同的间距逐个摆放，幼儿以"S"形路线绕过奶粉罐，在此过程中注意不要让头顶的橡皮泥球掉下来。

玩法二：跳梅花桩。将奶粉罐按相同的间距逐个摆放，幼儿双脚并拢，逐个跳过障碍物。

玩法三：走梅花桩。将两个或三个奶粉罐固定在一起，然后把固定好的奶粉罐按相同的间距逐一摆放好。幼儿拿取第一幅图中的一样教具固定在头上，然后走梅花桩，在此过程中注意不要让头顶的橡皮泥球掉下来。

玩法四：滚梅花桩。将三个固定在一起的奶粉罐横着放在地面上，幼儿用双手推，使其向前滚动。幼儿可以和同伴进行比赛，先到达目的地者获胜。

玩法一、二

玩法三

玩法四

鸡毛毽子

1. 基本信息

器械名称	鸡毛毽子
适合年龄	3~6岁
材料	鸡毛、塑料（或硬纸板）、绳子、小钉子

2. 玩法

玩法一：花式踢毽子。如左脚踢，右脚踢，两脚内侧踢，两脚外侧踢，双脚交替踢，双脚内侧、外侧交替踢。

玩法二：幼儿尝试多人合作一起踢毽子。一人踢起毽子后把它传给另一人，当毽子传到谁那里，谁没有接住就算输。

玩法一　　　　　　玩法二

自制飞盘

1. 基本信息

器械名称	飞盘
适合年龄	3～6岁
材料	布、棉花、硬纸片（18cm×18cm）

2. 玩法

玩法一：幼儿将飞盘放在头顶或背上按直线走，锻炼平衡能力。
玩法二：幼儿两手握拳相对，平抬手臂，两手臂各放一个飞盘，折返走。

玩法一

玩法二

玩法三：幼儿围成一圈，向中间的筐扔飞盘。
玩法四：幼儿间隔一定距离，互相抛接飞盘。

玩法三　　　　　　　　　玩法四

百变魔棒瓶

1. 基本信息

器械名称	百变魔棒瓶
适合年龄	3～6岁
材料	可乐瓶（2L）、PVC管（80cm）

2. 玩法

玩法一：幼儿双手拎着器械走或跑。
玩法二：幼儿在手中转动器械，锻炼臂力。

玩法一

玩法二

玩法三：两名幼儿各抬器械一端行走，从而培养幼儿之间的合作能力，锻炼手臂力量。
玩法四：将器械按"S"形路线摆放，幼儿排队依次绕障碍物慢跑。

玩法三　　　　　　　　　　　　玩法四

彩色山洞

1. 基本信息

器械名称	彩色山洞
适合年龄	3~6岁
材料	PVC管、彩色装饰纸

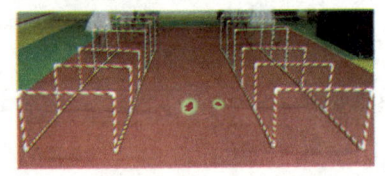

2. 玩法

玩法一：钻山洞。采用爬、蹲着走或匍匐前进等方式通过"彩色山洞"。
玩法二：跨山坡。采用抬腿走的方式，慢慢跨过一座座"小山坡"。

玩法一

玩法二

第三章

民间体育游戏

游戏是幼儿必不可少的一项活动,也是幼儿最喜爱的活动。幼儿民间体育游戏历史悠久,积淀着丰富的文化内涵,具有浓厚的乡土气息,其形式多样,内容广泛,简单易学,趣味性强,对幼儿身心发展有着重要的作用。本章收集整理了28个民间体育游戏,结合3~6岁幼儿的年龄特点,图文并茂地呈现民间体育游戏的起源和玩法,旨在激发幼儿对民间体育游戏的兴趣,让幼儿在游戏中锻炼身体,增强体质。通过玩游戏,帮助幼儿意识到要遵守游戏规则,提高幼儿的抗挫折能力,培养幼儿团结协作、互帮互助的良好品质。(收集整理:黄映梅 邹金明 李苑兰)

大班

编花篮

1. 游戏介绍

编花篮游戏是一种流行范围十分广泛的传统儿童游戏，是深受儿童喜欢的一种游戏活动，它主要由儿童单脚边跳跃边唱歌谣，多人配合来完成，从而达到愉悦身心、锻炼身体的目的。

2. 游戏目的

学习用脚编花篮，练习单脚跳，培养协调能力。

3. 游戏玩法

多人参加，幼儿伸出右腿，搭在一起，编成一个圈，将手搭在前面幼儿的肩膀上或拍手，边唱儿歌，边单脚往前跳，直至儿歌唱完。

 附

编花篮

编编编，编花篮，花篮里面有小孩，
小孩的名字叫花篮，站得稳，跳得齐，
马兰开花二十一，二五六，二五七，

二八二九三十一；
三五六，三五七，
三八三九四十一……
九五六，九五七，九八九九一百一。

编花篮

抬花轿

1. 游戏介绍

抬花轿是传统婚嫁习俗的一种表现形式,新娘由花轿抬到新郎家,大红的花轿给婚礼平添了喜庆,又显得隆重气派。花轿也称彩轿,以红色绸缎做成轿衣,在轿身四周用彩线绣出"百年好合""龙凤呈祥""花好月圆""双燕齐飞"等喜庆图案。后来抬花轿演变成儿童们喜爱的游戏。

2. 游戏目的

锻炼手臂力量和平衡能力,培养合作能力。

3. 游戏玩法

三人一组,两人当"轿夫",一人当"新娘"。当"轿夫"的幼儿用右手握住自己的左手腕,再用左手握住对方的右手腕,蹲下。扮"新娘"的幼儿分别将两只脚跨入两名"轿夫"的手臂之间,两只手搭在两名"轿夫"的肩膀上。开始游戏时,当"轿夫"的幼儿站起来,两人合作抬"轿子",大家一起边走边唱儿歌。儿歌终止,"新娘下轿",换角色重新进行。

附

老鼠嫁女儿

老鼠女儿美叮当,想找女婿比猫强,
太阳最强嫁太阳,太阳不行嫁给云,
云不行,嫁给风,风不行,嫁给墙,
墙不行?想一想,还是嫁给老鼠郎。

抬花轿

滚铁环

1. 游戏介绍

滚铁环，是一种中国传统民间儿童游戏，流行于20世纪六七十年代。滚铁环曾是一项深受儿童喜爱的运动项目，自娱性强。但是，随着儿童生活内容的逐渐丰富，曾有着悠久历史和广泛群众基础的滚铁环运动日渐没落。

2. 游戏目的

锻炼幼儿的协调能力和平衡能力。

3. 游戏玩法

幼儿手持一根顶端有弯槽的铁棍，推着一个直径一尺多的铁环向前飞跑，可以在场地宽阔的地方玩。谁滚的时间长，谁就赢了。

滚铁环

踩高跷

1. 游戏介绍

踩高跷,是中国传统民俗活动之一。踩高跷俗称"缚柴脚",亦称"高跷""踏高跷""扎高脚""走高腿",是民间盛行的一种群众性技艺表演,多在一些民间节日里由舞蹈者脚上绑着长木跷进行表演。踩高跷技艺性强,形式活泼多样,深受群众喜爱。

踩高跷

2. 游戏目的

提高幼儿的平衡能力和跨越能力。

3. 游戏玩法

两组幼儿同时比赛,幼儿之间接力踩高跷,先到终点的获胜。如果失去平衡,从高跷上跌下来,要重新踩上高跷继续走。

跳山羊

1. 游戏介绍

跳山羊，也叫跳木马、跳马等，是民间一种模拟山羊跳跃的儿童游戏。跳山羊简单易行，既能锻炼身体，又能培养幼儿果断决事的能力，很受孩子们的欢迎。

2. 游戏目的

练习跑、跳等基本动作，锻炼上下肢的灵活性和协调性。

3. 游戏玩法

一个人当"山羊"，其他人助跑一段后，撑住"山羊"的背或双肩，双腿分开从"山羊"头上越过。可以一人跳多个"山羊"，也可以多人跳一个"山羊"。

跳山羊

骑马打仗

1. 游戏介绍

骑马打仗,是一种中国传统民间儿童游戏。唐朝诗人李白也在《长干行》中说:"郎骑竹马来,绕床弄青梅。"这句诗说的是儿童拿竹竿当马骑,在房间里跑来跑去。长大一些的儿童就不再骑竹马了,变成互相当马,把对方背在背上。

2. 游戏目的

提高幼儿的快速反应能力和动作灵活性。

3. 游戏玩法

一名幼儿当马,另一名幼儿则是骑马的人。两队相互比拼,一分钟内,哪队先摸到对方幼儿的头,则哪队获胜。

骑马打仗

打石子

1. 游戏目的

提高幼儿眼、脑、手、口的反应能力。

2. 游戏玩法

选若干块石子撒开,一名幼儿先将一子抛起,同时迅速抓起地面的石子,再马上接住抛起的石子。有时拾单,有时拾双,拾多者为胜。拾子时,手不准触及不该拾的石子,否则就失败了。接着改换另一名幼儿拾石子,依次轮流。

打石子

附

打石子

我先来,打石子,
掷一颗,坠三颗,
轻轻放,捉两颗,
挪集中,一手捉。

踢燕子

1. 游戏介绍

踢燕子，又叫"踢毽子""打鸡"，起源于汉代，盛行于南北朝和隋唐，是传统的民间体育游戏，深受儿童的喜爱，尤其是女孩。鸡毛毽子的制作方法非常简单：取鸡翅膀上的粗羽毛，剪下一小截中空的羽毛柄，往其空管中插进一束细鸡毛，再以布捆扎后固定在一个或两个铜钱中间的孔中，使鸡毛不脱落即可。毽子种类可分为鸡毛毽、皮毛毽、纸条毽、绒线毽等。

踢燕子

2. 游戏目的

学习用脚连续踢毽子，增强动作的协调性和灵活性。

3. 游戏玩法

将腿弯曲，用脚内侧、外侧或脚背连续踢毽子，可一人以脚踢出各种花样，如将毽子踢至膝、肩、背、头等各部位；也可多人互相传递，踢出各种花样。竞技时，以踢的数目或花样多者为胜。

舞龙灯

1. 游戏介绍

舞龙灯,又称"耍龙灯""龙灯舞"。龙是汉民族古老的图腾,象征祥瑞,传说龙能行云布雨、消灾降福,所以古代的人以舞龙的方式来祈求平安。

2. 游戏目的

提高幼儿的身体协调性与合作能力。

3. 游戏玩法

利用稻草、竹筒或雪碧瓶制作一个象征性的"龙头",再制出"龙身"(稻草"龙身",把稻草扎成大约20厘米长的草扎若干个,中间穿上一根绳子,若给小班幼儿玩可不穿绳),将小竹竿或木棍插进"龙头""龙身"。幼儿举着"龙"舞动,可以两条"龙"一起嬉戏。

舞龙灯

转陀螺

1. 游戏介绍

陀螺游戏历史悠久,是一项深受儿童欢迎的传统体育项目。各地玩法不同,可以用鞭子连续抽打陀螺使之在冰面、平滑地面上不停地旋转,或使陀螺相互碰撞,看谁的陀螺旋得快,旋得久。

2. 游戏目的

提高幼儿的手、眼协调能力。

3. 游戏玩法

先将鞭上的绳子缠在陀螺的上部,缠紧,随后用手按住陀螺,另一只手拿鞭子,用力拉绳,同时松开按陀螺的手,当陀螺在地上转起来时,再用鞭子顺着抽绳子的方向去抽打陀螺。幼儿可以进行打陀螺比赛。幼儿一起准备,听教师发出"开始"口令,一齐抽打陀螺,谁的陀螺转得久即获胜。

转陀螺

木头人

1. 游戏介绍

"木头人"的游戏,就是几个儿童围在一起,嘴里念"一二三,我们都是木头人,不许说话不许动",然后摆个姿势就不动了,谁能坚持到最后谁就是胜者。小孩子们总是乐此不疲。

2. 游戏目的

锻炼幼儿的反应能力,学会坚持。

3. 游戏玩法

所有参与者边念口令边走动,当指挥者念到口令"不许动"时,所有人立即保持静止状态,无论本来是什么姿势,都必须保持不动。如果有一人先忍不住笑了或者动了,那么这个人就要接受惩罚。在游戏过程中,指挥者还可以下达各种指令,做错动作就算输。

附

口　令

一二三，

我们都是木头人，

不许说话不许动。

木头人

斗 鸡

1. 游戏介绍

斗鸡约起源于5000年前,北方多称其为"撞拐""斗拐",南方多称其为"斗鸡",是一项竞技类民间游戏。它来自一种假面具舞蹈——"蚩尤戏",最早在河北省涿鹿县一带流行。后来经过演变和推广,斗鸡逐渐成为热门的趣味比赛项目。

2. 游戏目的

练习单脚站、跳,提高平衡能力及灵活性。

3. 游戏玩法

游戏至少要两个人方可进行,两名幼儿面对面站立,各把一条腿弯起来,用一只手抓住弯起来的腿,呈单脚独立。幼儿用自己的膝部顶撞对方的膝部进行"决斗",不能用身体的其他部位去碰撞对方,使对方失去平衡,两脚着地即被淘汰。

斗鸡

跳皮筋

1. 游戏介绍

跳皮筋，也叫"跳橡皮筋""跳猴皮筋"，是一种适合儿童的民间游戏。皮筋是用橡胶制成的有弹性的细绳，长10米左右（或更长），皮筋被牵直固定之后，幼儿即可来回踏跳。可三至五人一起玩，亦可分两组比赛，边跳边唱非常有趣。

跳皮筋

2. 游戏目的

锻炼幼儿的腿部力量，提高身体动作的协调性与灵敏性。

3. 游戏玩法

准备一根皮筋，两人双脚自然分开面对面站立，将皮筋套在两人脚踝上。跳皮筋的幼儿背向皮筋，右脚脚尖勾住皮筋起跳，左脚跟着跳，然后右脚脚尖勾住平行的那条皮筋起跳，左脚也跟着跳，依次反复，不断增加难度，皮筋位置由低到高变化，直到出现失误结束游戏，交换角色。（一边游戏一边念童谣）

附

童　谣

月光光，照四方。骑白马，过莲堂。莲堂背，种韭菜。韭菜花，结亲家。亲家门口一口塘，养个鲤嘛八尺长，短个拿来煮酒食，长个拿来讨新娘。

蟾蜍罗，咯咯咯，唔读书，有老婆。山鹁鸪，咕咕咕，唔读书，大番薯。

丢沙包

1. 游戏介绍

丢沙包是经典的儿童集体游戏之一。20世纪80年代至90年代，丢沙包极为风靡，但进入21世纪后，随着经济发展和娱乐方式的增多，丢沙包这种游戏已经淡出儿童的视野，但还是常见的活动。

2. 游戏目的

锻炼臂力，提高瞄准能力。

3. 游戏玩法

在场上画两条直线，两条线间隔5米。一组幼儿站在两条线的区域内，一组幼儿站在两条线的外面。站在线外的幼儿用沙包打向区域内的幼儿，区域内的幼儿进行躲闪，不让沙包砸到。如果被砸中，该幼儿就停止游戏。如果有幼儿能接住沙包，就能救回一名被砸中的幼儿。两组幼儿可互换角色，反复游戏。

丢沙包

弹珠子

1. 游戏介绍

弹珠子,又叫"弹玻璃球""打珠子",是一种流行于20世纪下半叶的儿童游戏。

2. 游戏目的

锻炼儿童的手、眼协调能力。

3. 游戏玩法

在场地上画一个圆形,在圆形内摆放好珠子,幼儿通过猜拳,分出先后进行游戏的人。游戏者手拿一颗珠子,弹向场地内的任意一颗珠子,将弹中的珠子捡起来,在相同时间内谁弹中的珠子多即为胜。(时间一般设置为一钟。)

弹珠子

手推车

1. 游戏介绍

手推车是一项传统的体育游戏。人们在劳动中以小推车作为运货的工具,后来这样的活动被人改编成儿童喜欢的游戏。该游戏意在锻炼儿童的手臂力量,教会儿童懂得与别人合作。

2. 游戏目的

学习手推车的本领,提高动作协调性。

3. 游戏玩法

两人猜拳决胜负,胜者先趴下做"车",负者做推"车"人。推"车"人抬起"车"的小腿,"车"双手撑地,两人合作前行。

手推车

附

儿 歌

吱哟哟,小车叫,推上小车卖甜糕。

谁要?谁要?我要!我要!娃娃吃得眯眯笑。

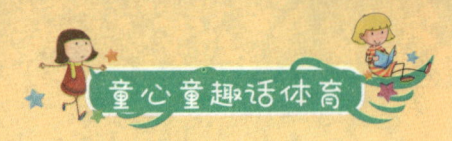

击鼓传花

1. 游戏介绍

击鼓传花,也称"传彩球""击鼓催花",是中国古代民间酒宴上的传统助兴游戏,属于酒令的一种,在唐代就已出现。

2. 游戏目的

培养幼儿的反应能力,锻炼幼儿大胆表演的能力。

3. 游戏玩法

参加游戏的幼儿围坐成一圈,其中一人拿"花",另一人则背对着大家击鼓。鼓声响起的时候,开始依次向相邻的伙伴传递"花",鼓声停止,传花游戏立即结束。如果"花"正好在相邻的两人交接过程中,那么两人可以通过猜拳或是其他方式来决定"花"的归宿。鼓声停止时"花"落谁家,谁就要表演一个节目。这个节目自然是表演者最拿手的项目,如唱歌、跳舞、说相声、说笑话、猜谜语等。

击鼓传花

老鹰捉小鸡

1. 游戏介绍

老鹰捉小鸡，也叫"捉龙尾""狼吃羊"，几乎在56个民族中都存在，尽管不同民族对这个小游戏有着不同的称谓，但玩法是一样的。

2. 游戏目的

锻炼手、眼、脑、四肢的协调性和灵活性。

老鹰捉小鸡

3. 游戏玩法

一人扮"老鹰"，一人扮"母鸡"，其余人扮作"小鸡"。一"小鸡"在"母鸡"背后抓住"母鸡"衫尾，其余"小鸡"也都各牵住前面的人的衫尾，形成一列纵队。"老鹰"要抓住"母鸡"后面的"小鸡"，"母鸡"张开双臂拦住"老鹰"，"小鸡"可躲闪逃跑。若"小鸡"被"老鹰"的手摸到，就算被抓住，"小鸡"就得退场。一定时间后，若"老鹰"还捉不到"小鸡"，"猎人"（教师）即发出"砰"的枪声，"老鹰"听到枪声后，原地蹲下，表示被"猎人"吓跑，其余"小鸡"拍手，表示高兴。游戏可调换角色，重新开始。

跳房子

1. 游戏介绍

跳房子游戏起源于清代,也叫"跳飞机",是一种世界性的儿童游戏,也是中国民间传统的体育游戏之一,趣味性、娱乐性极强,曾深受广大儿童的喜爱。

2. 游戏目的

提高跳跃、奔跑和保持身体平衡的能力。

3. 游戏玩法

跳房子

游戏开始后,参加者先通过猜拳决出游戏次序,第一个人将绒球扔在第一格内,随即开始单脚跳,在两格横排并列处用双脚跳,跳至第七、八格时,双脚同时跃起向后转身再往回跳,跳至第二格时弯腰捡起第一格内的绒球,再由第二格跃到第一格外。然后,将绒球扔在第二格,最后站在第三格里拾起绒球并跳跃至第一格再跳出。以此类推,跳完第八格后,可将绒球扔向"天空",再从第一格依次跳,当跳到第七、八格时向后跳转双脚落地,然后用手向后摸绒球,摸到后跳出"天"字;接着,背对房子扔绒球,绒球落到的那个格子就成为"跳房子"人的房子,并在该格子画上圈圈,算是属于自己的房子,再跳时可双脚同时落在自己的房子中,但对方的脚不能踩进这个房子,得跨跳过去。若在跳的过程中踩线、跌倒或绒球丢出界外,都属失败,退出游戏,改由对方跳。如此循环,房子最多者获胜。

丢手绢

1. 游戏介绍

丢手绢，又叫"丢手帕"，是我国汉族传统的民间儿童游戏。游戏开始前，准备几块手绢，然后大家推选一个丢手绢的人，其余的人围成一个大圆圈蹲下。

2. 游戏目的

锻炼幼儿的追逐奔跑及反应能力。

3. 游戏玩法

用"石头剪刀布"或其他的方法推选出一个丢手绢的小朋友，其余的人围成一个大圆圈蹲下。游戏开始，大家一起唱《丢手绢》的儿歌，被推选为丢手绢的人沿着圆圈行走或跑步。在儿歌唱完之前，丢手绢的人要不知不觉地将手绢丢在其中一人的身后，被丢了手绢的人要迅速发现自己身后的手绢，然后迅速起身追逐丢手绢的人，丢手绢的人沿着圆圈奔跑，跑到被丢手绢人的位置时蹲下。丢手绢的人如被抓住，则要表演一个节目，可表演唱歌、跳舞、讲故事等。如果被丢手绢的人在儿歌唱完后仍未发现身后的手绢，被丢手绢的人就要表演一个节目，然后做下一轮丢手绢的人，他的位置则交给丢手绢的人。

丢手绢

炒黄豆

1. 游戏目的

练习侧身翻的技巧,提高幼儿肢体的协调性和合作能力。

2. 游戏玩法

两人相对而立,手牵手,边念儿歌,边有节奏地左右摆手。当儿歌念到最后一句时,两人举起一侧的手臂来共同钻过并翻转身体180度,要求与同伴双手手指交叉不松手,还原姿势。游戏反复进行。

 附

儿 歌

炒、炒、炒黄豆!炒完黄豆翻跟斗!

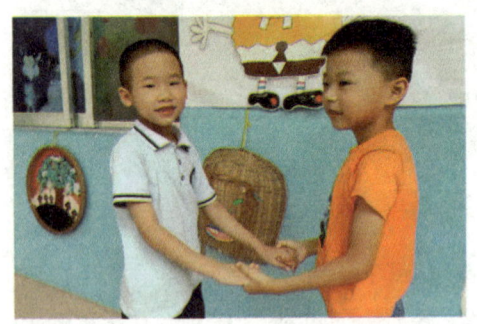 

炒黄豆

石头剪刀布

1. 游戏介绍

石头剪刀布,又称"猜丁壳",是一种在儿童和青少年中广泛流行的手技游戏,有时跟"掷硬币""掷骰子"有相同的功能,就是用来产生随机结果以做决策。但有时它并不随机,因为游戏者可以根据经验,判断对手的手法,所以说,玩这个游戏是需要一定技巧的。

2. 游戏目的

提高幼儿动作的协调性和反应的灵敏性。

3. 游戏玩法

四人参加游戏,两人一组,一人做猜拳人,一人做走步人,走步人站在起点线上。猜拳双方相对而立,边原地跳边说"石头、剪刀、布",当说到"布"时,双方用脚做出对应的动作("石头"为两腿并拢,"剪刀"为两腿一前一后,"布"为两腿向两侧张开),以动作决出胜负,胜者一方向前跨一大步。游戏反复进行,直至走步人到达终点,先到终点者为胜方。

石头剪刀布

盲人摸人

1. 游戏介绍

盲人摸人,是由一个人蒙上双眼扮演"盲人"的角色,然后去摸他人。当眼睛被蒙上时,周围一片漆黑,要用触觉代替视觉是要有点勇气的。这项游戏,考验了听力,锻炼了腿力,也使幼儿感受到了盲人的艰辛。

2. 游戏目的

锻炼蒙眼捉人和躲闪跑的能力。

3. 游戏玩法

可多名幼儿共同参加游戏。一人当"盲人",用布条蒙住眼睛,然后其他人就在他周围转圈。当"盲人"的人摸到谁,谁就接替他当"盲人"。活动范围是这片场地,都不许走出去,否则算犯规,犯规者就要当"盲人"。

盲人摸人

捉蜻蜓

1. 游戏目的

提高幼儿动作的敏捷性，帮助幼儿养成遵守游戏规则的好习惯。

2. 游戏玩法

伸掌者一人将手掌掌心朝下向前伸，其余幼儿每人伸出一只手的食指顶住伸掌者的手心，念儿歌。儿歌念到最后一字时，伸掌者迅速抓握掌心中的食指，伸食指者要尽快逃脱，被抓住食指者就做下一次游戏的伸掌者。

捉蜻蜓

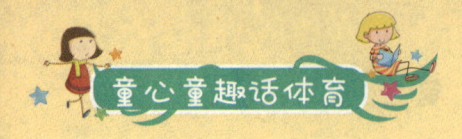

老狼老狼几点了

1. 游戏目的

提高幼儿肢体的灵活性,锻炼幼儿大肌肉群。

2. 游戏玩法

参加者选一人当"老狼",其余人跟在"老狼"身后扮演各种小动物。游戏开始,众人边问"老狼老狼几点了"边向前走,"老狼"背向大家搭话,"老狼"答话时,众人停下不动。"老狼"回答"天黑了",转身追逐,众人逃跑,注意灵活躲避,跑回"家"者算胜利,被捉住者下一轮当"老狼"。

老狼老狼几点了

火车钻山洞

1. 游戏目的

帮助幼儿提高控制身体动作的能力。

2. 游戏玩法

两名幼儿面对面，然后双手举高和对面的伙伴握在一起，游戏开始，两名幼儿钻过伙伴们高举的手臂："呜呜呜，第一节火车开来了。"然后接下来的两名幼儿跟上，依次进行游戏，变换数字跟着念儿歌。

火车钻山洞

赶小猪

1. 游戏介绍

赶小猪是一个传统的民间游戏。幼儿平时喜欢玩球,为了能让幼儿提高控制能力,因此设计此游戏活动。根据幼儿的能力发展,把锤子作为赶小猪的工具,将皮球作为小猪来展开本次游戏。

2. 游戏目的

提高幼儿瞄准目标,手眼协调赶动"小猪"前行的能力。

3. 游戏玩法

幼儿站在起点,教师哨声一响,就手持锤子,开始追赶皮球"小猪",将"小猪"赶到家中,中途不能用身体接触"小猪",看哪个小朋友赶得又快又准。

赶小猪

套　圈

1. 游戏介绍

套圈是过去春节期间人们常常玩的一种地摊游戏，旧时以套各种民间玩具为主。摊主在贩卖玩具的时候，想出了套圈的主意，他们通过这种游戏形式，设下了赚钱的圈套。套圈场地一般有十几平方米，玩具按前小后大的顺序分散摆设，套中前排的玩具较易，套中后排的玩具较难。在第一排玩具前2～3米的地方，有细竹竿或画好的线，参与游戏者必须站在线外抛投。套圈的圈子是藤编的，轻盈而有弹性，投出去轻飘飘的，有时候套住了玩具还会反弹出来，套中难度很大，成功率极低。如果套中，玩具归游戏者所有。

2. 游戏目的

帮助幼儿学会抛扔物体，提高幼儿手部精细动作的协调性。

3. 游戏玩法

幼儿分三小组进行游戏，每组5个呼啦圈，幼儿站到指定的地点准备。游戏开始，幼儿用呼啦圈套住雪糕筒。每组有5次机会，套中目标多的小组获胜。

套圈

第四章

论文篇

3～6岁正是人体快速生长发育的旺盛时期，更是各种基本动作技能和肢体行为习惯定型的初期。体育锻炼是影响幼儿生长发育最积极、最重要的因素，因此，科学合理的体育活动能促进幼儿身体的正常发育，有效增强幼儿体质，同时还可以提高幼儿参与体育活动的兴趣。工作室经过几年的实践和研究，总结和发表了很多心得和论文。本章收集了23篇论文，从各个方面论述了体育锻炼对幼儿身体发展的重要性。体育活动可以使幼儿获得丰富的知识和运动经验，并能使幼儿感知更加敏锐，观察更加细致、准确，还能使幼儿的理解能力、记忆力、想象力、思维能力、判断能力得到发展。因此，体育活动在幼儿园教育中，对帮助幼儿身心全面、和谐的发展，具有十分重要的意义和作用。

提高幼儿园体育活动有效性的意义和措施

梅州市梅县区实验幼儿园　黄映梅

《幼儿园工作规程》中指出："幼儿园应当积极开展适合幼儿的体育活动，充分利用日光、空气、水等自然因素，以及本地自然环境，有计划地锻炼幼儿肌体，提高幼儿身体的适应能力和抵抗能力。"体育活动的有效开展不仅对幼儿的身心发展有着重要作用，对教师的成长和幼儿园的发展也有重要作用，所以笔者对提高幼儿园体育活动的有效性进行了探索。

一、提高幼儿园体育活动有效性的意义

幼儿园体育活动是以走、跑、跳、投等基本动作为主要内容展开的有规则、有一定情节和竞赛因素的体育游戏，它是对幼儿实施体育教育的主要手段。有效开展幼儿园体育活动对幼儿身心发展具有重要价值。

1. 促进幼儿身体机能的提高

运动能力的提高不仅是机体成熟的结果，也是练习的结果。幼儿处于生长发育的重要时期，体育活动能够使幼儿的运动能力得到有效锻炼，使身体机能的各个方面不断协调，使幼儿逐渐提高对周围环境的适应能力，为身体的正常发育打下基础。

2. 提高幼儿的自信心及积极性

体育活动是幼儿喜爱的活动，幼儿在一系列的活动中能够得到强烈的情感体验。为适合于不同能力、不同性别幼儿的个性化特征，优秀的活动中存在

着难易程度不同的障碍类型，能够使他们在自身能力基础之上得到不同层次的发展。当幼儿克服了在自己能力范围之内的困难时，其自身的积极情感得到激发，进一步挑战并战胜困难的信心获得增长。这有利于幼儿勇于面对挫折，不断挑战自我，战胜自我。

3. 培养幼儿的优秀品质

一个人的品质大多是在幼儿时期形成的，这一时期的品质将在很大程度上影响幼儿的身心健康成长。在幼儿时期，体育活动不失为一种培养幼儿良好品质的有效途径。在活动中，幼儿难免会碰到各种各样的困难，他们只有通过自身的不懈努力才能获得相应的成功。这一过程对于幼儿的意志是一种磨炼。

4. 协调幼儿的人际关系

幼儿的体育活动大多是以班级为单位的集体游戏，因为幼儿发展的局限性，所以活动过程中，幼儿之间很容易产生摩擦。这就要求幼儿学会控制自己情绪的同时，能够协调好与其他幼儿之间的关系。体育活动可以让幼儿在与同伴交往的协调中明白"儿童的自由应以集体利益为界限"，充分领会集体是大家组成的。要想在幼儿园这个大集体中与他人和睦相处，每个人都要学会协调，懂得尊重，懂得互助。

二、提高幼儿园体育活动有效性的措施

1. 创新形式，增强活动的趣味性

在组织户外体育活动时，除了注意丰富优化活动内容外，还应注意创新活动形式来激发幼儿的兴趣，根据幼儿的年龄特点及活动内容，运用不同的活动方式组织活动。比如，小班幼儿喜欢情节单一、具有呼应性质的体育游戏，大班幼儿则喜欢一些具有竞争性质的体育游戏。因此，形式组织上要充分考虑幼儿的年龄特点，激发幼儿游戏的兴趣。

在开展体育活动时，笔者根据各班幼儿的年龄特点，采用情境引导的游戏方式，增加游戏的情节。为了让幼儿对同一个游戏保持浓厚的兴趣，教师应根据同一内容设计出不同的情节，如第一次玩小班游戏"小司机"时，幼儿自由体验"开车"；在幼儿学会把握方向盘后，则将幼儿带入布置好的"马路"

场地开车,并且将"红绿灯"的游戏也融入进来,要求"小司机"遵守交通规则。下一次再玩这个游戏时,就可以引导"小司机"上"高速公路",要求速度更快,然后增加"加油站""收费站"等来保持他们对游戏的兴趣。

2. 因材施教,关注幼儿个体差异

幼儿在体质、能力及对刺激的反应能力等方面存在差异,教师要区别对待。多元智力理论认为,每个儿童所具有的独特能力的组合存在质的不同,难以从量上加以排序、分类。每个儿童都拥有相对于自己或是相对于他人的智力强项。教育旨在帮助儿童发现、培育自己的智力优势,并以强项带动弱项,建构自己的优势智力组合,以便自身全面、和谐地发展。用统一的标准要求幼儿会导致强壮幼儿的锻炼效果不明显,或是体弱幼儿的生理健康受到损伤。指出幼儿之间潜能的差异性与多样性,并善于利用这些差异求得教育过程的优化,可以促使每个处于不同水平的幼儿都得到发展。

笔者通过"以强带弱""以强助弱"的方法,发挥生生互助的作用,让强项幼儿帮助弱项幼儿发展,让弱项幼儿建立自信,"变弱为强"。在练习跳绳时,笔者让跳得好的幼儿找一个需要帮助的朋友,两个人协同练习,这样一来,两名幼儿可以互相帮助,共同发展。这种方式可以较好地控制幼儿练习的密度,使幼儿既能充分运动,又不过分疲累。

3. 科学安排,减少消极等待时间

《幼儿园教育指导纲要(试行)》在教育活动的组织与实施中指出:幼儿园要尽量减少不必要的集体行动和过渡环节,减少和消除消极等待等浪费时间的现象,提高活动的效率。在实际的体育活动中,较为严重的消极等待现象直接影响了教学活动的有效性。例如,在踢毽子活动中,教师让幼儿逐一排好队,然后把毽子一个一个发给幼儿,这样就占用了很多时间,接着又在教师单纯的"听—看—记—练"教学模式下活动,幼儿自主练习的机会很少。从整个活动的有效性来看,不会踢的幼儿被能力强的幼儿干扰,没学会踢毽子方法,而能力强的幼儿在花样性上没能创新,可以说是一个低效的活动。

如果教师能根据幼儿的年龄特点和个人能力的差异性,在指导方法和教学策略上有所调整,效果就大不相同了。活动开始就让幼儿分组拿好毽子做准备运动，然后让会踢毽子的幼儿去探索花样踢法，教师启发不会踢的幼儿看示范动作，再指导幼儿集体练习，然后各自练习。在个别幼儿练习踢毽子时，教师再去指导能力强的幼儿花样踢毽子，这样全班幼儿都充分运动起来了。

另外，教师在安排游戏活动时，不能使幼儿的活动量直线上升，或者强度太大，而要注意动静交替，运动量大小结合，避免幼儿因过度疲劳而影响健康。判断幼儿的体育活动是否适度，可以采用观察面色和测试心率的方法，以便及时调整活动强度。每次体育活动既要让幼儿的身体得到充分的活动，又要避免活动量过大。

4. 启发引导，促进幼儿自主探索

区域体育活动是幼儿的自主性活动，它旨在激发幼儿的参与性和探索性，教师应在幼儿体育活动的过程中进行适时的启发引导。区域体育活动为幼儿提供了充分活动的机会，在这一过程中，幼儿的个性、兴趣、爱好、动作及运动能力都得到充分表现，为教师观察、了解幼儿创造了有利条件。

在幼儿进行活动时，教师可以从幼儿选择区域的自主化程度、对不同运动的兴趣与态度、参与运动的专注程度、利用器材和辅助材料的情况、与同伴交往的情况、合作水平等方面进行观察，并做出技术性的、有利于幼儿发展的指导。有的幼儿兴趣广泛、运动能力强，在进行区域体验活动时，他们就会马不停蹄地从这个区跑到那个区，哪个活动都想参加，结果虽然每个地方都活动过了，但每项活动都不精。针对这类幼儿，教师应鼓励他们对自己特别喜欢的活动更专注，同时鼓励他们利用辅助材料想出更多的玩法，体验发明、创造、创新的快乐；而对于那些性格内向、不爱运动的幼儿，教师要想办法激起他们的运动兴趣并鼓励他们勇于尝试，引导他们参与合作活动，鼓励他们和小伙伴一起利用辅助材料完成较复杂的活动项目，体验"跳起来取得成功的快乐"等。同时，教师应该身体力行，带领他们去活动，以自身的活动热情去感染他们，从而使他们体验运动的快乐。

【参考文献】

[1] 李莲，李莉莉.健康开展幼儿园体育活动的新思考[J].考试周刊，2010（2）.

[2] 单中惠，钟文芳，等.蒙台梭利幼儿教育著作精选[M].上海：华东师范大学出版社，2009.

[3] [苏]A.B.查包洛塞兹，T.A.马尔科娃.学前教育学原理[M].李子卓，余星南，杨慕之，等译.北京：人民教育出版社，1984.

（2019年4月发表于《少男少女》）

如何培养幼儿在体育活动中的安全意识

梅州市梅县区实验幼儿园　黄映梅

《幼儿园教育指导纲要（试行）》里明确指出："幼儿园工作应把促进幼儿健康成长和保护幼儿生命放在首位。"这一核心理念的提出标志着幼儿教育已经充分认识到健康对于儿童个体及国家前途的意义，告诉人们强国必先强身，要强身先要注意幼儿。活泼好动是幼儿的天性，他们爱跑、爱跳、爱钻、爱爬等，体育活动是他们喜爱的活动之一。教师应以各种形式组织多种多样的户外体育活动，以增强幼儿体质，促进其身心健康发展。由于幼儿年龄小，动作的灵敏性和协调性较差，生活经验贫乏，自我保护能力较差，缺乏防范的基本意识，常常不能清楚地预见自己行为的后果，同时体育活动的开放性、自主性、丰富性以及游戏个体之间交往的频繁性，使这一活动存在诸多的危险因素和安全隐患，因此，很多教师因为怕出现安全问题，在开展体育活动时，给幼儿设置诸多限制，使幼儿没有真正活动起来，更谈不上活动密度、强度。达成体育活动目标和保障幼儿安全之间造成了一种矛盾，最终影响了幼儿健康教育的顺利开展。因此，教师在组织幼儿体育活动时，要注意减少活动中的安全隐患，培养幼儿的安全意识。

一、客观因素

1. 活动人数和活动时间上的冲突

由于班级人数过多，在体育活动的过程中教师无法全面地照顾到每个幼儿，容易发生意外事故。另外，活动时间的同一性，如几个班的幼儿同时在一个操

场上开展体育活动，造成场地面积不足，也容易使幼儿之间产生拥挤现象。

2. 活动场地和活动材料上的隐患

供幼儿活动的水泥地面粗糙、凹凸不平，游戏材料有锋利的边角，或因为天气和其他原因使活动场地存在安全隐患，特别是一些细小的东西如钉子、石头、小树杈等都可能威胁到幼儿的安全。另外，大型玩具、活动器械等年久失修、破损，也会成为不安全的因素。

二、主观因素

1. 幼儿身体发展的个体差异

幼儿身体发展的水平各不相同，即便是同一年龄段的幼儿，他们的活动能力也各不相同。同样的活动内容，因为幼儿个体之间承受程度的不同，身体状况的差异，也可能导致一些幼儿出现意外事故。

2. 幼儿自我保护的意识薄弱

幼儿的年龄特点决定他们的神经系统尚处在发育阶段，在活动中他们往往不能预见自己行为的后果，容易诱发危险因素，尤其是在幼儿园的体育活动中。体育活动本身就存在一定的危险性，而幼儿缺乏运动经验和安全意识，对活动中出现的问题不能做出积极有效的反应。有些幼儿在活动中由于集体意识差，不够谦让、友善，遵守规则、秩序的观念较为淡薄，玩性大发时容易一拥而上，发生争抢、拥挤等现象，从而导致事故发生。

3. 幼儿活动中的规则意识差

每个游戏活动都有一个确保活动顺利开展的活动规则，幼儿在活动过程中容易忽略这些规则而受到伤害。幼儿年龄小，活泼好动，具有"不怕危险"和"勇于争先"的特点，但是他们对于是非不能准确分辨，遵守规则的意识还不是很强，对危险的认知还比较模糊，防范意识淡薄。

基于上述原因，在开展体育活动时，必须重视对幼儿安全意识的培养。但也不能因为怕幼儿受到伤害而影响幼儿体育活动的正常开展，这样的做法也是不可取的。采取应对措施，消除安全隐患，既促进了幼儿身心的健康发展，又保证了幼儿的安全，这才是积极的体育活动开展的思路。关于如何培养幼儿在体育活动中的安全意识，笔者从以下几个方面进行论述：

（1）树立安全意识，提高幼儿活动质量

幼儿来自不同的家庭，他们在家庭中接受了不同的教育。有些幼儿在家里受到很好的照顾和保护，他们被动地接受保护、接受照顾，经常听到家长说不许跑、不许跳，久而久之，只知道不能这么做，不能那么做，而不知道为什么不能这么做、不能那么做。有些幼儿属于天不怕地不怕的，教师在组织体育活动时，要结合幼儿实际，眼中要有孩子，既要照顾到顽皮好动的幼儿，又要鼓励胆小的幼儿参与到活动中来。

教师在活动前提出具体要求和注意事项，如跑的时候要注意什么？跳的时候要注意什么？眼睛里要有其他同伴。还可以让幼儿自己说说应该注意些什么，在幼儿头脑中树立安全观念。

在活动过程中要对个别幼儿进行随机教育。例如，睿睿在滚轮胎时，总是不管周边的同伴，经常碰到其他小朋友。这时我提醒他：你是一个技术好的司机，开车时要避开行人。经过提示，睿睿就不会碰到其他小朋友了。教师的语言提示十分重要，幼儿只有在教师反复的指导下才能加深记忆，知道该怎样参加集体活动，才能玩得开心，感到快乐。

（2）利用案例教育，培养幼儿安全意识

活泼好动是幼儿的天性，他们爱跑、爱跳、爱钻、爱爬等，体育活动是他们喜爱的活动之一。但由于幼儿年龄小，动作的灵活性和协调性较差，生活经验贫乏，自我保护能力有限，缺乏防范的基本意识，所以在活动过程中，时常会出现事故，教师可以把这些危险的事例当作典型素材来提醒幼儿活动时要注意安全。例如，有一次开展"揪尾巴"游戏时，两名小朋友发生了碰撞，其中一名幼儿的腿摔伤了，其余小朋友看见他腿上流出的血，便再也不使劲追逐，都能躲闪着玩。

（3）遵守游戏规则，培养幼儿学会自护

没有规矩，不成方圆。体育活动只有按其活动的内容制定特有的活动规则来约束，才能使活动目标得以实现；如果缺少了规则，则会使目标不能实现，幼儿的安全得不到保障。

例如，在玩"老鹰捉小鸡"的游戏前，教师要通过示范，告诉幼儿当"老鹰"来进攻时，"鸡妈妈"应该勇敢地迎上去，堵住"老鹰"，而不能害怕地

带着"小鸡宝宝"四处逃窜,如果这样就会有"鸡宝宝"掉队、摔伤、或被"老鹰"吃掉。又如,幼儿在玩"老狼老狼几点了"时,很容易因拥挤而摔倒。游戏之前教师要告诉他们应与同伴保持一定的距离,同时应该往空一点的地方跑等。规则交代清楚了,集体游戏中幼儿之间的碰伤、撞伤现象就会减少,幼儿投入活动的主动性和积极性也更高了。努力将幼儿的兴趣与必要的规则结合,促进幼儿养成各种健康行为习惯,是至关重要的。

(4)正确使用器械,确保幼儿活动安全

在体育活动中体育器械的使用率是非常高的,它们对锻炼幼儿的身体所发挥的作用是巨大的。首先,幼儿喜欢器械,那么投入活动的力气也就大;其次,器械的使用可以更好地帮助幼儿提高身体的协调性。但是同时我们也会看到器械所用的器材,木质、铁质的较多,它们质地坚硬,如跷跷板、铁圈,有的转动起来惯性很大。针对这种情况,应该怎样让体育器械的优点发挥出来,杜绝因为它们的缺点而带来的危险呢?

教师要告诉幼儿如何正确使用器械,否则可能会带来危险。例如,跳绳时,绳子摇动起来产生的力量很大,抽在小朋友身上很疼,如果抽在脸上会红肿、出血,如果这样告诉幼儿必会让个别幼儿害怕,不敢玩了,不妨拿一张纸,让跳绳抽打在纸上,大家发现纸破了,就会意识到玩跳绳时要与小朋友保持一定距离,防止互相抽打。又如,幼儿在使用跷跷板、秋千、蹦蹦床等器械时,教师都要向其解释它们的玩法和注意事项,以确保幼儿在活动中的安全。

幼儿参加体育活动是必须的,而体育活动存在安全隐患是一定的。笔者认为,培养幼儿在体育活动中的安全意识,才是预防意外发生的最有力武器。

(2016年11月收录于《12届亚洲幼儿体育科学大会论文集》)

优化户外体育活动，促进幼儿和谐发展

梅州市梅县区实验幼儿园　黄映梅

一、优化幼儿园户外体育活动的内容

幼儿期是孩子身心发展最迅速的时期，在这个年龄阶段幼儿的身心发展水平会产生质的飞跃，但每个个体的发展又都存在差异性，因此，户外体育活动内容要根据不同年龄幼儿的体能、智力等各方面条件，科学地选择和安排。幼儿园以往开展体育活动时，通常会把走、跑、跳、钻爬、投掷、平衡等内容都放到体育课中，虽然可供选择的多，但很难让幼儿自主选择适合自己的内容。并且在具体的一个活动里，教师准备的辅助体育器材基本是比较机械单一的，因此也降低了活动的有效性，导致能力强的幼儿"吃不饱"，能力弱的幼儿则"不敢吃"。随着幼儿自主意识逐渐增强，幼儿有自由选择体育锻炼内容的需求，因此，我们必须突破传统体育教学活动"一刀切"的模式和内容，重新思考该如何使体育活动内容更加多元化：少一些统一的内容，多一些适合个体的活动内容，增设一些特色活动（如民间传统体育游戏项目等）来激发幼儿参与体育活动的兴趣，让幼儿可以有选择地参与适合自己发展的活动。例如，在我园的户外活动时间，我们的教师将"超市"这一理念引入，分区域投放不同的自制体育器材（高低不同的高跷、不同形状的沙包、好玩的手推车、有趣的曲棍球等），启发幼儿自己提出体育游戏主题，自主选择器材活动，在开放、和谐、轻松的气氛中活动，让每个个体得到满足，以此促进幼儿的自主发展。

童心童趣话体育

二、促进幼儿和谐发展

（一）促进幼儿创造性思维发展

幼儿体育活动，是对幼儿进行以身体活动为手段的全部教育过程，也是幼儿探索客体环境的最有效手段，体育活动是幼儿非常喜欢的能发展其创造性的教育活动。

1. 培养兴趣，激发幼儿的创造性思维

幼儿的好奇心和探索欲都非常强，喜欢看一看、试一试。教师要引导幼儿通过看一看、做一做、摸一摸、练一练产生发现问题、解决问题、学习知识技能的兴趣。例如，幼儿非常喜欢折纸，男孩子喜欢用纸折飞机和火箭。发现幼儿的兴趣后，教师及时从兴趣入手，生成了教学活动"火箭飞上天"，火箭就是幼儿用纸折好的。这时有些幼儿折的火箭飞得高、飞得远，而有些幼儿折的火箭却飞不远。发现了问题后，幼儿们展开讨论，有的说是因为风，有的认为是扔火箭所用的力气不同，有些幼儿却认为火箭飞的距离和自己折火箭的方法有关。于是幼儿积极讨论了起来，教师则鼓励幼儿去探索到底是什么原因。幼儿各自去寻找真正的原因，最后他们总结出：风的方向、使用力气的大小、火箭头的大小、火箭的体积、火箭的重量等，都会影响火箭飞行的距离。

2. 提供丰富材料，发展幼儿创造性思维

幼儿的思维以具体形象思维为主，因此，在平时的体育活动中教师就要有意识地安排一些可以"摆一摆""拼一拼""动一动"的活动，让幼儿通过眼、脑、手、口多种感官器官协调活动，创造性地发现问题，解决问题，在操作中掌握所学的知识。例如，在设计"玩报纸"这个中班的活动时，教师就着重设计了操作环境，提供了丰富的材料，让幼儿通过亲身体验"玩报纸"，去感知、探索"把报纸放在胸前，怎么样才能使它不会掉下来呢？"通过体验找出报纸不掉下来的方法。在游戏中，幼儿大胆尝试，寻求各种各样的方法：有的把报纸压在下巴下；有的把报纸打开横着放在身上快速跑，让风顶住报纸；有的把报纸夹在两条手臂间，等等。

3. 通过启发式提问促进幼儿创造性思维的发展

创造性思维更多地表现在幼儿解决问题的过程中，教师可以在游戏中不断提出一些富有启发性的问题，引导幼儿去讨论、观察、分析、比较、判断和推理，鼓励幼儿大胆设想，寻求解决问题的办法。例如，在活动"玩瓶子"中，教师先让幼儿大胆设想，寻求利用瓶子来练习跳的办法。教师为幼儿提供了装有各种颜料水的瓶子，幼儿跃跃欲试，情绪高昂：有的把瓶子放在地上，单脚或者双脚跳；有的幼儿把瓶子夹在腿间行进跳；还有的幼儿自由组合，把瓶子一字排开（或者摆成图形），从瓶子上双腿分开跳过去。不知不觉中，幼儿在跳跳、玩玩的环境中掌握了跳的技能，形成了创造性思维。

创造性思维能激发幼儿发现问题、研究问题的兴趣，这是幼儿发明创造的开始。教师在体育活动中要注意观察，及时发现幼儿的兴趣所在，并及时给予引导和鼓励，让幼儿在活动中更加活跃，同时教师要进一步调动幼儿兴趣，促进幼儿创造性思维的发展。

（二）促进幼儿体能发展

体能是指人体各器官、系统的机能表现出来的能力，包括身体素质和基本活动技能。身体素质包括力量、速度、灵敏、协调、平衡、耐力、柔韧性等素质。基本活动技能包括走、跑、跳跃、投掷、平衡、钻爬、攀登等。体育活动能更好地激发幼儿参加体育活动的兴趣；更好地促进幼儿体能的发展，提高幼儿身体机能的发展水平；更有效地促进幼儿运动能力的提高。

1. 合理的区域设置

合理的区域设置有利于幼儿的体能发展。设置区域时注意要既有运动量大的区域，也有运动量小的区域；既有发展幼儿上肢的运动区域，也有发展幼儿下肢的运动区域；既有练习基本动作的区域，也有发展综合身体素质的区域；既有室外活动的区域，也有室内活动的区域。各区域互相补充，使幼儿身体得到协调发展。

2. 合理的材料投放

根据幼儿的年龄、能力及兴趣的差异投放材料，能吸引不同特点的幼儿参与活动，满足不同幼儿活动的需要。例如，应多为小班提供一些活动技能易于掌握，模仿性强，数量充足，能促进其平衡、走、跑能力发展的活动材料；为中班提供能促进其身体协调发展，发展其钻、爬能力的活动材料；给大班提供的则是动作技能高，能满足幼儿一物多玩的需要，能促进其综合素质提高，发

展其追逐、躲闪技能，运动强度较大的活动材料。

3. 有趣的民间游戏

民间体育游戏质朴、诙谐、活泼，深受幼儿的喜爱。根据需要，我们给幼儿制作了丰富多彩的体育器材。例如，用可口可乐瓶制作了幼儿爱不释手的陀螺，用铁丝制作了会滚动的铁环，用易拉罐制作了锻炼幼儿平衡能力及训练幼儿胆量的"梅花桩"，用橡胶及鸡毛做毽子等。我们还为幼儿提供跳绳、垫子、沙包等材料，开展跳绳、摇小船、炒豆子等多种户外民间体育活动，有效地促进了幼儿综合体育能力的发展。

（三）促进幼儿自主发展

1. 让幼儿成为游戏的主人

游戏是幼儿的自主性活动，而不是成人强加的被动性活动。教师应该从全方位的角度来看待幼儿的游戏自主权。幼儿有权决定游戏中的一切，如游戏的主题、玩具、材料等都要以幼儿的需要和兴趣为出发点；游戏的情节、内容应该是幼儿自己经验的再现；游戏中出现的矛盾、纠纷要以幼儿的方式方法来解决；游戏中的环境布置也是幼儿自己的事情；游戏中的规则是根据幼儿的游戏需要确定的，而不是外界强加的，这样幼儿才愿意自觉遵守；游戏中只有让幼儿根据自己的愿望和想法与玩具材料发生互动，才能使活动的方式方法具有灵活性，才有可能使幼儿真正产生兴趣，愿意自主地去体验，才能使幼儿以自己的方式将外部经验内化成自己的经验。因此，教师应该让幼儿成为游戏的主人，让幼儿主动控制活动进程，自主决定活动的方式方法。教师在指导游戏时，要尽量减少不必要的干预，更不能代替或导演幼儿的游戏。

2. 让幼儿自创游戏及游戏规则

户外游戏规则不在于多少，关键在于是否必要和合理。在以往的教育中，我们总是错误地认为，游戏规则是成人传授给幼儿的，而忽视了幼儿自主建构规则的能力。其实幼儿自创的游戏及其规则更具创意和个性，也更易为幼儿接受并遵守。在活动过程中，幼儿的个性、兴趣、爱好、动作及运动能力都能得到充分表现。

幼儿有自己的特点和需要，他们有自主性、独立性，有自己独立的人格，因此，我们必须树立正确的指导思想，充分认识到儿童在活动中的主体地位，给幼儿一个自主发展的空间，让幼儿成为游戏的主人，促进幼儿自主性的发展。

（四）促进幼儿社会性发展

体育活动的成功开展，一方面能达到锻炼身体的活动目的，另一方面能够有效促进幼儿的社会性发展。

1. 帮助幼儿逐步建立规则意识

蒙台梭利说："我们把一个自主的，在必须遵循某种生活准则时能够控制自己行为的人称作有纪律的人。"社会生活的各个方面都有不同的规则，人们只有在遵守规则的前提下，成为一个"有纪律的人"，才能更好地适应社会，得到更好的发展。在体育活动中，教师可以和幼儿一起商量制定游戏规则，这样既有利于规则的实施，又有利于幼儿明白规则的重要性。

2. 提高幼儿的自我保护意识及能力

幼儿自我保护意识的提高和自我保护能力的增强有利于其更好地发展，能够让其在一个相对安全的环境中健康快乐地成长。教师可以通过多开展集体活动，用集体的力量来达到这一目标，如开展不接受陌生人的东西的活动，让幼儿在集体中模仿、学习。由于大家都需要遵守不接受陌生人东西的活动规则，群体规则便对个体的态度产生了广泛的影响。

3. 培养幼儿的独立自主及合作能力

户外体育活动的常规要靠教师在组织活动的过程中循序渐进、日积月累地建立，它是户外体育活动中非体能锻炼的教育目标的体现。

活动中教师要细致观察每个幼儿的举动，发现幼儿的危险动作要及时制止；发现幼儿有创新玩法，要及时引导其他幼儿效仿；对胆小、能力弱的幼儿要多鼓励；对运动量过大的幼儿要及时提醒其注意减少运动量，使幼儿真正成为活动的主体，有效地参与游戏。例如，过"轮胎山"活动是对幼儿胆量与自信心的考验，每当幼儿爬过"山"时，教师的一个微笑、一句肯定的话语，都会使幼儿感受到教师的关心与爱，胆怯的心理会逐渐消除，自信心也会逐步建立。

游戏中教师要给幼儿主动探索的机会，要充分发挥幼儿的潜力。遇到"玩什么，怎么玩"的问题时，可以让幼儿自己商量解决，充分发挥每个幼儿的主动性和创造性。例如，教师提供小椅子，启发幼儿发挥想象，可以怎么玩？当

幼儿自己探索出各种玩法，如把椅子转过来当马骑，把椅子叠放成不同的形状。幼儿爬过椅子搭成的"山"和"独木桥"的时候，都感受到了探索成功的喜悦，在达成锻炼身体的目标的同时，自信心也随之加强。

【参考文献】

[1] 单中惠，钟文芳，李爱萍等编译.蒙台梭利幼儿教育著作精选[M].上海：华东师范大学出版社，2009.

[2] [美] Richard A.Schmuck, Patricia A.Schmuck.班级中的群体化过程[M].廖珊，郭建鹏，等译.北京：中国轻工业出版社，2006.

（2017年10月发表于《师道·教研》）

谈幼儿园体育活动中教师的指导策略

梅州市梅县区实验幼儿园　王丹霞

幼儿在集体生活中情绪愉快，才能更好地实现《幼儿园教育指导纲要（试行）》（以下简称《纲要》）的第一个目标，幼儿身体的各项机能才能得到充分的发展，以幼儿发展为本的教育理念才能充分体现。要进行体育活动，必须以一定的身体锻炼为手段，也就是以一定的基本技能为载体。幼儿要掌握一定的基本技能，与体育教学是分不开的。作为幼儿工作者，必须为发展中的幼儿提供规范的基本动作教学，这正符合《纲要》中健康领域的内容与要求的第六条："用幼儿感兴趣的方式发展基本动作，提高动作的协调性、灵活性。实际上没有知识和技能支撑的活动是不存在的，没有一定的体育教学活动，幼儿是不能掌握在其最近发展区内的基本技能的。"因此，可以得出以下结论：没有真正的体育教学，就不可能有丰富多彩的体育活动；没有具备规范基本动作和基本技能的体育活动，就不可能合理地促进幼儿身体的发展。所以，幼儿园教师必须加强体育教学，从而使幼儿身体机能得到充分的发展。

一、研究目的

生命在于运动，在一个人的发展过程中，健康的生命是保证一个人发展的物质基础。人的认知、情感、意志和个性等方面的发展，都需要建立在基本的身体健康之上。毛主席也说过"身体是革命的本钱"。那么，健康的身体从何而来？从运动中来，运动塑造了身体，运动对强健身体有积极的作用。

幼儿园体育教学活动是教师有目的、有计划地对幼儿实施各种能够促进幼

儿身心健康的活动。《纲要》指出："体育是促进幼儿全面发展的重要手段，开展丰富多彩的户外游戏和体育活动，用幼儿感兴趣的方式发展基本动作，培养幼儿良好的意志品质，使他们在快乐的童年生活中获得有益于身心发展的经验。"那么如何使体育教学活动生动有趣、富有成效呢？《纲要》明确指出："教师应成为幼儿学习的支持者、合作者和引导者。"其中，教师所处的引导者地位是不容忽视的，教师的"导"应融入幼儿一日生活的各个环节中，教师的"导"更应适时、适度。幼儿园体育活动是幼儿喜欢的活动形式之一，对幼儿身心的健康发展有着不可忽视的重要作用。

二、研究方法

从理论上讲，体育活动是幼儿自主的、自发的活动，但在从事教学活动时，教师的关注点主要指向三个方面：一是幼儿的安全；二是活动的程序；三是幼儿的动作练习。照理说，教师关注这几个方面并没有错，但问题是如果过度关注这些，就有可能忽略其他一些重要因素，而走入指导的误区。

这些误区导致教师没能支持幼儿的自我挑战活动，难以使幼儿获得成功感；没有及时发现幼儿在活动中的表现并做出反馈，难以激发幼儿的活动兴趣和自信心；没有注意到活动中部分幼儿心理负担过重的问题并加以引导，难以使幼儿体验到活动的乐趣，并产生积极的情绪体验。我们知道，幼儿体育教学活动大多在户外开展，开阔的场地、四处分散的幼儿、随时可能产生的安全隐患等都给教师的有效关注带来了挑战。面对如此多的影响因素，教师该如何给予幼儿有效的关注呢？

1. 适当放手，把握活动的"强度与密度"

幼儿体育教学活动的重要目标之一是激发幼儿参与体育锻炼的积极性，因此如何激发幼儿锻炼的兴趣应成为教师的一个关注点。有一次活动，一位教师让幼儿自己选择平衡木并尝试走过去。教师布置任务后，很多幼儿便开始在自己选定的平衡木后排队，准备练习。三四分钟后，一男孩首先在矮平衡木上慢跑，另一男孩看到了，叫道："看我的！"并在矮平衡木上做跳跃动作。他们的大胆尝试引来了周围小朋友的喝彩。教师见状马上大声斥责："快下来！谁叫你们这样做的？小心摔下来！再不好好练习的话，等会儿就不要玩了！"两个男孩只好从矮平衡木上下来,往高平衡木上走。教师出于安全考虑"束缚"幼儿,表面看来似乎可以减少安全事故的发生,实际上剥夺了幼儿尝试的机会,使他们无法尽情地活动,无法体验自我挑战带来的成就感,从而对参与体育活动失去兴趣。

一节好的体育活动课的重要标志是教师能最大限度地、充分而又合理地利用一节课的时间,尽量减少浪费的时间,以提高体育课的效率,达到增强幼儿体质,促进幼儿更快、更好地掌握动作技能和提高身体素质的目的。运动强度指人体单位时间的生理负荷量,一般用心跳频率来表示。例如,幼儿20米速跑,跑后即刻心率可达180次／分;慢跑一分钟做徒手操一套,心率在140次／分左右。显然,前者大,后者小。运动强度直接影响到幼儿的练习密度,两者在很大程度上成反比的关系,即运动强度越大,幼儿的练习密度则应越小;运动强度越小,幼儿的练习密度则可适当提高。这就提醒教师,绝不能让幼儿长时间连续进行大强度的运动,否则,幼儿将承受太大的运动负荷,易对身体造成伤害。例如,幼儿在做追逐躲闪跑或连续立定跳远等大强度练习时,其练习密度可适当减小,而且练习中应增加休息的次数,一般幼儿练习一分钟至两分钟后应适当地休息,而后再继续练习,教师应严格控制大强度练习的总时间。在幼儿园体育教学内容中,强度较大的运动项目有跑、跳跃、攀登、下蹲走、仰卧起坐、传接球等;强度较小的运动项目有走、钻、爬、投掷、走平衡木或窄道等。

教师要注意活动强度与密度的把握。教师在准备体育课计划时,应根据教学任务、教材特点和幼儿身体发展的特征及实际情况,科学地安排各项活动的时间和分量,做到计划周密,心中有数。例如,教师在什么时候讲解?什么时候示范?各几次?大约用多长时间?幼儿分别要做哪些练习?各几次?各用多长时间?幼儿排队和调动队伍约用多长时间?幼儿什么时候休息和以什么方式休息(采用全体幼儿停止任何活动的休息还是分组轮流休息)?休息多长时间?以及其他一系列问题,教师课前备课时应做周密计划。据研究,幼儿在体育课中合理的练习密度的范围是35%～55%,教师可根据不同的教材和幼儿的年龄段在这个范围内确定具体的练习密度,但必须注意动静结合,严禁让幼儿连续长时间做大强度的练习。如果是学习新教材,教师应首先详细示范讲解1～3

次，紧接着就该马上安排每个幼儿及时进行练习，教师再巡回观察幼儿练习的情况，及时纠正幼儿的错误，如发现幼儿普遍犯有某种错误，教师应再次示范讲解。教师在教授新教材时，应适当增加示范、讲解的次数和时间，但讲解要准确、精练，抓住动作要领，切忌冗长、烦琐；示范应正确、规范、舒展，讲解与示范应紧密结合。对小班幼儿的示范应多于讲解；对中班，尤其是大班，讲解的密度可稍大些，可适当减少示范的次数，但学习较难的教材除外。学习强度大的教材时，可多增加幼儿休息的时间。排队和变换队形应尽量迅速，而且要符合教学的需要。

2. 重视幼儿表现，捕捉幼儿运动中的信息

应该明确的是，幼儿的表现才是教师关注的重点，教师是依据幼儿的表现来调控活动进展情况的，"活动程序化"是不利于幼儿发展的。

在体育活动中，观察是教师的一个很重要的行为，可以说，观察是一个教师必须掌握的基本功。体育活动中的幼儿在不断活动着，交换着方位，因此，更需要教师具备敏锐的观察力。在组织体育活动前，教师总要制定活动目的和活动内容，却很少有人考虑过此活动的观察目的和观察内容。由于教师事先没有明确过观察目的和观察内容，因此到了体育活动中，最多也只是看看有没有潜在的危险因素，幼儿是否积极投入活动。其实教师可以观察的东西很多，如可以观察幼儿活动量的大小，难点在何处，不同体质、不同能力的幼儿在活动中不同的反应，哪怕是细小的变化都不能放过。有一次体育活动的内容是玩高跷，幼儿四散在场地上玩，有的才刚刚学会，慢慢地小心地在玩；有的已经能快速地行走；还有的正在绕障碍走。只有熙熙呆呆地站着，两只小手玩弄着高跷的绳子。"你怎么了？"我走过去问。"我不会。"他回答。我鼓励他："没关系的，学学就会了。""不，会跌倒的。""勇敢点，你是男子汉，地上软软的，跌倒也不疼的。""这样吧，你先用一只脚玩，这样就不害怕了，等你不怕了，再两只脚一起来好吗？"他快乐地跑开了。通过观察和与幼儿的交谈，我发现熙熙的动作行为及语言都反映出他想玩，但又害怕跌倒，由于没有安全感，因此不敢尝试。于是我先退一步，让他一步步来，先熟悉运动器械，给他一个容易做到的动作，他马上乐意地接受了。由此说明，教师的观察要有目的、有针对性，这样才能为指导提供依据，将观察到的情况进行分析，对不同的幼儿采取不同的方法，进行针对性的指导。观察须仔细且全面，既要看到全体，又要看到个体。

3. 关注幼儿情感，激发幼儿兴趣

在幼儿体育教学活动中，有的教师常常将关注点放在幼儿动作技能的学习上，比较忽视幼儿的情绪情感体验。心理学研究表明：只有适度的要求才能有效地促进幼儿的发展，要求过高或过低都不行。在教育实践中，笔者发现幼儿普遍对有一定难度的活动较感兴趣。幼儿喜欢冒险，对有一定难度的活动较感兴趣。作为教师，要了解自己班级幼儿的特点，以及每个幼儿能力发展的不同程度，提供给幼儿的活动材料要适合每一个幼儿的不同水平，让每一个幼儿都能对体育活动感兴趣，找到真正适合自己活动的器械与材料，如此才能让幼儿积极投入到活动中。教师要以发展的眼光看待幼儿，既要了解幼儿的现有发展水平，又要关注幼儿的发展潜能。

因而，在体育活动的观察中，教师要注意发现幼儿的兴趣点，及时捕捉到幼儿的闪光点，捕捉到幼儿的信息。如果幼儿对某项活动感兴趣，那么他一定会积极主动地参与到活动中来，幼儿的潜能就能得到发展、得到发挥。他们的表现也的确让笔者大吃一惊。他们会在活动中积极地挑战自我、克服困难，从而得到进一步的发展。笔者认为，体育活动中的观察，要改变过去"一刀切"的做法，要从幼儿的个体差异出发，对发展水平、能力不同的幼儿提出不同的要求。如果对所有的幼儿提出同一种要求，能力强的幼儿感到"吃不饱"，提不起兴趣；能力较弱的幼儿则"不敢吃"，丧失了信心，都将影响幼儿的发展。因此，要求要因人而异。以跳高活动为例，为了锻炼幼儿跳的能力，活动中我提供了几种不同的高度，让幼儿自己选择。幼儿根据自己的能力和水平，选择适合自己的高度进行练习，然后根据自己的实际情况选择是否增加高度。作为教师，我只是起到引导、保护的作用。通过活动，大多数的幼儿能从最高的长凳上跳下，只有少数几个幼儿不敢完成，但我没有强求他们去完成。因为对所有的幼儿来说，他们都在自己原有的基础上得到了发展。所以，活动中对幼儿的要求，就是每个人在原有的基础上有所提高和发展。

4. 善于交流及评价，帮助幼儿积攒活动经验

无论是在其他领域的教学活动中，还是在体育活动中，作为教师，要与

幼儿交流，倾听他们的疑问，这也是一个不可忽视的关注点。在与幼儿的交流中，要树立和幼儿平等的理念，教师不再是高高在上的。在活动中，我经常用蹲或跪的姿势与幼儿对话交流，这样，首先从视觉上的角度与幼儿一样高了。在和幼儿说话时，要像朋友一样和蔼可亲，让幼儿感觉到你是在和他商量，彼此是平等的；对幼儿在活动中提出的不同意见或者某种需要，要予以尊重，不随意否定或拒绝。

《纲要》明确指出："评价是了解教育的适宜性、有效性，调整和改进工作，促进每一个幼儿发展，提高教育质量的必要手段。"对活动的评价起着承上启下的作用，每个环节的过渡都应有简单的评价，教师在评价时应以发展的眼光看待幼儿，既要看到幼儿的闪光点，表扬鼓励幼儿，又要针对不足提出改正的方法，激发幼儿下次游戏的兴趣。及时恰当的评价可以有效提高幼儿对体育活动的兴趣，让幼儿达到一个最佳的运动状态。评价时要用适宜、恰当的语言，有针对性地进行评价，而不是用笼统的"好、不好；对、不对"等，尤其是在运动技能的学习上，针对幼儿做得不对的地方，就要有针对性地指出来，及时纠正过来。例如，在立定跳远活动中，一定要让幼儿掌握跳远的动作要领，双脚同时跳，有的幼儿是一只脚先过去，再带动另一只脚，这就是不对的，所以在活动中，教师要善于观察，发现问题并及时指出，为其他幼儿做好示范。活动的最后环节也要进行一个总体的评价。评价贯穿整个活动，这样有助于幼儿积攒活动经验。

三、结论与建议

"儿童的健康源于科学的体育活动。"这应是我们幼儿教师的共同认识，为了促进幼儿身心的健康成长，我们在体育教学活动中，要多思考、多实践、多反思，把握好活动组织的要点，从而让幼儿在活动中真正得到锻炼。

体育活动对幼儿的发展具有重要影响，如何发挥其作用，关键是看教师能否做一个细心的关注者，在活动中是否能给予幼儿有效的关注。教师只有正确把握自己的角色行为，在组织体育活动前明确活动的目标，掌握观察的技能，善于使用精练生动的语言，合理安排运动的密度、强度，灵活地调整活动量，才能使体育活动严密有序，促进幼儿的全面发展。

【参考文献】

［1］蒋列.体育教学中激励法的有效运用［J］.陕西教育（教学版），2014（11）.

［2］陈红霞.多给孩子留一点体育活动的空间［J］.体育教学，2009（5）.

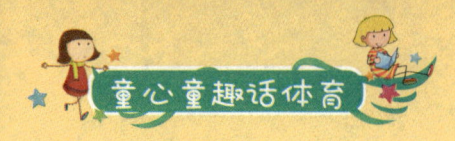

开展户外体育活动的有效策略

梅州市梅县区实验幼儿园　邹金明

爱玩是儿童的天性。游戏能够激发出幼儿生命中的激情。幼儿都喜欢玩游戏，尤其喜欢户外游戏。户外不仅为幼儿开辟了一块广阔的天地，也是好的"课本"。幼儿园户外体育活动是幼儿园体育的重要组织形式之一，具有活动内容丰富、活动时间长、灵活性大等特点，有利于发挥幼儿的主动性、积极性，培养他们的独立性和创造性。这使笔者意识到，开展户外体育活动的最终目的不仅仅是增强幼儿的体质，更大的价值在于通过体育锻炼，发展幼儿各方面的能力，促进其身心和谐发展。开展体育活动，有助于培养幼儿勇敢顽强、吃苦耐劳、坚持不懈、克服困难的精神，有助于幼儿形成团结友爱的意识，有助于培养幼儿的集体主义和爱国主义精神，有助于幼儿形成机智灵活、沉着果断、谦虚谨慎等意志品质，使幼儿保持积极向上的心理状态。在学前教育阶段，我们可以通过体育活动发掘幼儿的潜能，塑造幼儿健康活泼的个性，促进幼儿全面和谐地发展。作为新时期幼儿教育工作者，如何有效开展幼儿户外体育活动呢？

一、合理安排户外体育活动形式

《幼儿园教育指导纲要（试行）》总则指出："幼儿园应为幼儿提供健康、丰富的生活和活动环境，满足他们多方面发展的需要，使他们在快乐的童年生活中获得有益于身心发展的经验。"因此，我们必须为幼儿提供全方位、多元化的活动环境，引导幼儿积极参与户外体育活动。首先，精心选择内容，不同年龄段的幼儿选择不同的户外体育活动，如大班玩袋鼠跳，中班玩跳格子、跳绳，小班玩小羊跳等。这些游戏都比较简单、好玩，所以我们可经常开展。其次，确定锻炼的目标，有目的、有计划地提供合适的器材。在幼儿园现有的器材中选择适当的活动器材进行活动，并发挥教师的制作能力，自制适用的体育器材，如纸球、沙包、毽子、拉力器、高跷等器械。让不同年龄的幼儿有合适的活动器材，增加幼儿活动的兴趣，促进幼儿的健康发展。

二、重视幼儿户外体育活动的科学化和趣味化

我们开展户外活动，一般以体育游戏为主，根据天气情况、幼儿身心发展特点和动静交替原则，有时也在户外穿插进行一些运动量较小的游戏，如角色游戏、智力游戏等。科学的体育活动，能提高幼儿的基本活动能力和运动技能，从而达到锻炼身体、增强体质的目的。例如，教师可以带领幼儿进行"龟兔赛跑"的游戏，在活动之前要特别注意幼儿的准备活动，比如让幼儿给自己戴上可爱的饰品，给兔子戴上白色的手套等，也可以用大的积木搭建好终点台和领奖台，并用拱门制作两扇门，让"乌龟"和"兔子"进行比赛。教师可以设计一些路障，让"兔子"练习跳的动作，将幼儿进行分组，来缩短他们等待的时间等。幼儿都很喜欢这样的游戏项目，教师也可以进行交换角色的比赛，组织体弱的幼儿进行游戏。教师根据幼儿的发展特点和身心特点，有效调节和控制活动的量。教师可以给幼儿穿插分发各种奖牌，让他们得到充分的休息。在游戏的过程中，教师要促使幼儿对活动的形式和过程产生浓厚的兴趣，并帮助他们形成顽强自信的优秀品质，形成团结合作的集体荣誉感。

三、给幼儿更多的活动自由

在幼儿户外体育活动的过程中，教师可以有意识地组织一些游戏，并给幼儿创造一些自由活动的空间和时间，还可以引导幼儿与同伴一起玩，培养幼儿的集体意识、谦让意识和交际能力，促进幼儿的社会性发展，增强幼儿之间的情感。同时，不同的活动内容能满足不同个性幼儿的需求，如安静的幼儿可以选择拍皮球，进一步培养其耐心；活泼好动的幼儿可以选择当小司机开汽车，能满足其好动的个性。教师要让幼儿根据自己的兴趣爱好，自己选择喜欢的活

动,自己自由活动,让幼儿感受到活动的快乐,并在趣味性的环境中实现和他人的交流和分享。教师要让幼儿真正成为活动的主人,帮助幼儿更好地实践和探究。

四、评价和奖励的促进作用

在幼儿户外体育活动中我们还要用鼓励、肯定、赞扬的语气、语言和眼神暗示,奖励每个获得成功的幼儿。著名的"皮格马利翁效应"说明,"适度的期望和信任会激发幼儿的自信心",这种期望和暗示会使儿童获得一种信任和力量,进而驱使他们追求进步,获得成功。同时,积极向上的语言暗示和行为暗示,对于处在自信心形成和发展过程中的幼儿来说,显得尤其重要,无疑会强化幼儿的自信心。在活动中,对待不同幼儿在同一活动中的不同表现,我们都应给予不同的暗示和鼓励。对轻松达到目标的幼儿,我们用肯定的语言鼓励"不错,继续努力",并用行为暗示,让幼儿在新的要求下尝试新的方法;对认真努力费一点儿劲达到目标的幼儿则给予小贴花奖励,并用语言鼓励他们"做得好,再接再厉";对目标完成得非常好的幼儿,则把他们当榜样,给其他幼儿做示范等,使全体幼儿身心都得到健康发展。

总之,进行户外体育活动,有利于为幼儿以后的学习生活奠定基础,也符合素质教育的思想,对幼儿的心理、生理发展具有积极的促进作用。我们必须重视幼儿的体育活动教育,找到合适的教育方法,激发幼儿的体育兴趣,为幼儿今后德、智、体、美、劳全面发展奠定坚实的基础。

(2017年4月发表于《成才之路》)

浅议如何加强幼儿体育教育工作

梅州市梅县区实验幼儿园　谢静婷

如今，越来越多的幼儿园教育工作者已经认识到幼儿体育这一领域的重要性和必要性。体育游戏活动不仅有利于促进幼儿身体发育，并且能很好地调节幼儿心理，促进其身心和谐发展。《幼儿园教育指导纲要（试行）》（以下简称《纲要》）明确提出："幼儿园必须把保护幼儿的安全和促进幼儿的健康放在工作的首位。""安全健康第一"不仅是幼儿园教育的指导思想，更是幼儿园体育活动组织实施的指导思想。绝大多数的幼儿园体育活动，都能以锻炼身体为主要手段，在活动中合理安排运动负荷，力求从锻炼幼儿的身体和培养幼儿的独立自主、团结协作、人际交往能力等方面全面体现增进幼儿身心健康的指导思想，把培养幼儿身体健康、心理健康、社会适应的目标与活动内容、组织方法及评价有机地结合起来，形成内外共同作用，推动幼儿的全面发展。

一、教师的影响

真正激发幼儿活动兴趣和参与积极性的不是游戏本身，而是教师的素质。这种素质在体育活动上的表现就是教师应该具备激发幼儿参与活动积极性和热情的能力。而做到这一点的第一步就是我们教师必须以热情饱满的态度，形象生动的肢体动作去感染幼儿。同样是简单的手脚热身运动，如果教师加上一些夸张的言语和肢体动作，效果就会不一样。笔者曾见过一些教师上的体育课，教师就站在那里无精打采地引导，可想而知幼儿也是有气无力地应付。所以说，作为一名教师，特别是幼儿教师，你的精神面貌和言语举止直接影响到幼

儿。教师多一点阳光，多一点激情，幼儿就多一分活动兴趣。

二、教具的选择

在运动器械、材料的选择上，笔者提倡根据活动本身特点和幼儿的能力差异选择和提供。教具不需要多，多了教师不易组织活动，安全也得不到保障。当然也不能没有教具，徒手的活动不利于激发幼儿参与的积极性。在开展体育活动时，选择新颖和鲜艳美观的教具是次要的，关键在于教师能否让幼儿产生兴趣，能否激发出幼儿对玩法的探索欲望。《纲要》指出："要注重各领域间的有机结合，各领域要相互渗透。"所以在上体育课时，我们教师要注重渗透其他领域，让幼儿在玩好玩的体育器械时，也能激发自身的思考和探索欲望，让简单的游戏材料变成充满想象的魔术棒。这就是"一物多玩"体育活动的精髓，不仅让幼儿喜欢玩，还要注重让幼儿自己探索怎么玩，除了这样玩还能怎么玩。在现实中，许多教师往往直接忽略"探索"这一环节，直接给幼儿运动器械，让幼儿模仿教师一起做。这其实是一种抹杀幼儿想象力的做法。《纲要》指出："教师应该是幼儿的观察者、引导者和合作者。"所以教师在任何领域的活动中都应该尽力使自己成为活动的配角，把表现的机会交给幼儿。教师多一点观察，多一点引导，幼儿就多一点新奇玩法。

三、兴趣的培养

俗话说：兴趣是最好的老师。但是有些幼儿因为胆小从不积极参加户外活动，从而对体育活动失去兴趣。幼儿教师要组织一些简单的游戏并鼓励幼儿参加，重要的是让胆小的幼儿参加。比如，在"小鱼游来了"的游戏中，教师可以为游戏选择生动有趣的音乐，使幼儿产生愉悦的心情并且有想参加到其中的欲望。当幼儿犹豫，表现得想参加又不敢参加时，教师应鼓励他们："你可以的，老师相信你。"幼儿听了教师鼓励的话就会和其他幼儿一起玩，像小鱼一样游来游去。这时教师不要吝啬自己的表扬及肯定，比如对幼儿说："你真的很棒。"你会看到幼儿脸上露出的喜悦。教师随后可以渐渐增加游戏的难度，慢慢地就会提高幼儿对体育游戏的兴趣。

培养幼儿不怕困难的坚强意志。体育活动中，教师要为幼儿创设克服不同困难的情境，这种困难可以是心理上的，也可以是身体上的，但必须是经过努力才能克服的困难，这样可以培养幼儿勇敢坚强、不怕困难的意志。幼儿的耐心总是有限的，经常会有坐不住的情况，教师可以通过游戏中的角色来提醒幼儿，帮助他们解决这个问题，以后幼儿就可以更好地把握自己在游戏中的角色，并且坚持到游戏结束。

培养幼儿团结合作、积极乐观的态度。随着幼儿的成长，他们在游戏中的角色也会发生变化。他们刚开始是一个人游戏，后来就会合作。在"搭积木"的游戏中，一个人搭会有很多问题，比如自己手上的积木不够用，然后就会和几个小朋友一起搭，你搭头、我搭尾等，不一会儿就完成了若干飞机或者是火车。这时教师要马上给予肯定，表扬他们真聪明或者是真棒。他们受到了表扬，就会有满足感，从此便有了合作意识和乐观的态度，并会在以后的生活中广泛运用。

合理的常规是幼儿安全、健康的保证，也是活动持续开展的保证。因此，要重视良好的常规培养。例如，活动前幼儿要排好队形，教师在活动排练之前讲好活动要求及注意事项，引导幼儿按照音乐的节奏拿好自己的器械，不要用手中的器械和同伴打闹，器械在敲打的时候注意不要用力过大。在活动中，教师的注意力要时刻保持在每一个幼儿的身上，密切关注，防止不安全事故的发生，这些常规是使活动顺利开展的重要保障。在一次花棒操表演过程中，我们教师随队伍入场，从头至尾跟随着幼儿，杜绝了不安全事故的发生。

真正组织好体育活动得具备很多要素，以上三个方面只是其中比较重要的，也是教师容易忽视的。当然，每个年龄段的幼儿对体育活动有不同的喜好。小班幼儿喜欢模仿，因此教师们在课堂中应该融合一些有趣的模仿环节，让幼儿在轻松有趣的模仿情境中锻炼身体；中班幼儿的身体协调和自我意识能力都有所发展，他们既喜欢模仿教师做动作，也喜欢大胆表达自己的见解，所以针对中班幼儿，在活动中我们可以适当让幼儿发表观点，给他们自由思考玩法的空间；大班幼儿的运动能力和身体素质都有了很大的提升，他们对体育活动的追求已经不是简单地模仿教师做动作，而更渴望以竞赛的形式来开展体育活动，因此教师在活动中可以适当开展分组比赛，让幼儿体验到体育竞赛的乐趣，以此满足他们的兴趣。

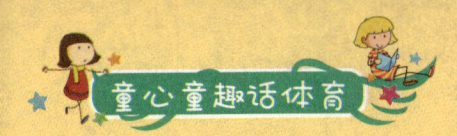

总之,在充满竞争色彩和趣味的体育活动中,幼儿通过不断的努力和锻炼,体验成功与荣誉,将形成活泼健康、自信乐观、团结互助,勇于克服困难、勇于竞争的良好品质,成为一个适应社会需要的人,一个坚强的人。

(2018年9月发表于《学校教育研究》)

如何有效地开展幼儿户外体育活动的刍议

梅州市大埔县第二实验幼儿园　杨梅亮

新的《幼儿园教育指导纲要（试行）》（以下简称《纲要》）指出："幼儿园必须把保护幼儿的生命和促进幼儿的健康放在工作的首位，开展丰富多彩的户外游戏和体育活动，确保幼儿每天户外活动不少于2小时，其中体育活动不少于1小时，培养幼儿参加体育活动的兴趣和习惯，增强体质，提高对环境的适应能力。"幼教工作者、园长，既是幼儿园的"领头雁"，又是幼儿的"妈妈"或玩伴，更应该认识到幼儿户外体育活动的重要性，并严格按照《纲要》要求，结合幼儿园拥有宽敞户外活动场地的有利条件和"培育全面发展、富有个性的阳光儿童"的办园宗旨，确立"阳光·快乐体育活动"的办园特色，致力创建丰富且适合幼儿体能发展的各种活动区域，为全园的幼儿进行体育活动和游戏提供良好的环境，切实有效地开展幼儿户外游戏和体育锻炼活动，促进幼儿健康成长。如何有效地开展幼儿户外体育教学活动，笔者认为要做到"三心"，即用心、细心和耐心。

一、用心创设良好的活动环境，激发幼儿活动兴趣

《纲要》指出："环境是重要的教育资源，应通过环境的创设和利用，有效地促进幼儿的发展。"所以，要用心创设良好的活动环境，激发幼儿活动兴趣。具体来说，要做到以下三点：

1. 巧妙设置活动场地

合理设置安全的活动场地是保证幼儿活动的必要条件。我园充分利用了

幼儿园室内外场地，创设幼儿体育活动的空间与氛围，激发幼儿活动的兴趣。在宽敞的活动场地上设置大型器械和各种区域，如平衡区、玩水区、钻爬区、跳跃区等供幼儿练习走、跑、跳、钻、爬等技能；在带有斜坡的草地上放体操垫，让幼儿在那里向上爬和向下翻滚；在大树之间绑上绳子，系上高低不一的球或其他物品，让幼儿纵跳触摸；下雨天我们就把场地设置于走廊或多功能厅等活动室内，摆上一些梅花桩，让幼儿在上面走，练习平衡；在栏杆上绑拉力器，让幼儿拉一拉，锻炼手臂力量；在墙上贴上"大灰狼"等头饰，让幼儿练习投掷等。

2. 营造愉快的心理氛围

幼儿的情绪影响其参与活动的积极性、主动性。在活动前我经常用欢快的音乐带领幼儿做准备活动，营造一种即将进入活动环节的预热氛围；活动中我用鼓励的眼神或语言，如"相信自己，你一定行""你能比现在做得更好"，帮助幼儿树立自信，大胆地进行运动，并尝试更高目标，让幼儿在温馨、和谐的氛围中进行锻炼。

3. 投放丰富的活动材料

材料是体育活动开展的物质基础，要符合不同年龄幼儿的特点，满足不同兴趣、不同发展水平的幼儿。例如，投掷区可以准备不同轻重的沙包、大小不一的各种球、不同高度的怪兽靶、大小不同的投掷洞口等，让幼儿根据自己的能力自主选择材料，使其在不同水平上均得到发展。同时，充分利用家长资源，收集废旧材料，共同自制安全、牢固、实用的体育器械，用奶粉罐、易拉罐做成高跷、梅花桩、保龄球，用纸盒做成门球，把旧报纸卷成纸棒、揉成纸球等，来弥补购置器械的不足，进一步激发幼儿活动的兴趣和满足幼儿活动的需求。

二、细心合理地设计活动形式，锻炼幼儿的体能

《纲要》提出："要根据幼儿的特点组织生动有趣、形式多样的体育活动，吸引幼儿主动参与。"所以，要细心合理地设计活动形式，锻炼幼儿的体能。具体来说，要做到以下三点：

1. 加强体育游戏化

以游戏形式贯穿跑、爬、平衡等技能的训练过程，避免单一的技能训练，调动幼儿的积极性与主动性。例如，游戏"小猴摘桃"，创设了一只小猴走过一座小桥，翻越一座山，跨过一条小河，来到大树下摘桃的游戏情景，让幼儿在游戏中锻炼平衡、攀爬、跨跳等技能。

2. 做到一物多玩，让幼儿探索能力与体能共发展

例如，引导幼儿用呼啦圈玩出各种花样，可以将呼啦圈排成一列，幼儿双脚、单脚跳过有间隔的圈圈小路，进行下肢力量、耐力练习；可以两人合作玩两个呼啦圈，一人往前摆放，一人双脚跳，到终点后交换；可以增加难度，玩"小马过河"游戏，每组放5个呼啦圈，两个圈之间相隔60厘米，幼儿要大步连续跨入呼啦圈，到达终点。连续跨跳时手臂要匀速摆动，稳定身体重心，看准落地点，避免绊倒。

3. 开展混龄混班的体育户外大区域活动

《纲要》指出："在体育活动中，培养幼儿坚强、勇敢、不怕困难的品质和主动、乐观、合作的态度。"打破年龄界限的混龄混班体育活动，既能拓展幼儿活动的空间，尝试挑战自我，又能与玩伴合作交流。我园根据幼儿活动量的大小、基本动作与综合技能的发展情况来划分区域，分别设置了平衡区、跳跃区、攀爬区、综合游戏区等十几个区域，在活动中让幼儿自主选择区域和材料，大大满足了不同水平幼儿的发展需求，还能在这种自主、开放的运动环境中，让幼儿大胆表现、充分运动，有效地提高了幼儿的动作技能和身体素质。在活动中，还能让幼儿形成良好的个性品质，增强社会交往与合作的能力。

三、耐心指导幼儿活动，让幼儿获得成功体验

《纲要》提出："教师应成为幼儿学习活动的支持者、合作者、引导者。"所以，要耐心地指导幼儿活动，让幼儿获得成功体验。

在体育活动过程中我们要关注幼儿在活动中的表现和反应，敏感地察觉他们的需求，及时以适当的方式应答，形成合作探究式的师幼互动。记得有一次，我组织幼儿探索"滚筒"的玩法时，有的幼儿比赛谁滚得快又远，有的钻到里面爬着往前滚动，有的则把滚筒竖起来，洞口向上，两个人手拉手站在滚

筒边缘上面走。此时有一个小朋友把滚筒竖起来，洞口朝向旁边，试图爬上去站起来，我见状本想立即阻止："危险！不能上去。"后来细想该让他试一试，我快步走过去帮他扶稳滚筒，微笑示意他爬上去站起来，他点点头大胆地往上爬并站了起来，一会儿后屈膝摆臂往下跳。此时，他开心地拍手为自己欢呼，还招来几个朋友一起再次尝试。我贴在他的耳朵旁说："你是个勇敢的孩子，但要注意安全！"如果当时我阻止他，就把幼儿的创意玩法抹杀了，他会有多失望呀！在活动中我们要尊重幼儿，适时引导，让幼儿获得成功的体验。

　　生命在于运动。法国著名医学家蒂索从医学的角度来评价体育活动："运动能代替药品，但世界上任何药品都不能取代运动的好处。"可见，运动对于人类健康的作用是不可缺少的，对于幼儿的健康成长更为重要。幼儿时期是生长发育十分迅速和旺盛的时期，所以作为一名幼教工作者，我们要用心、细心、耐心地采用多形式、多举措正常开展幼儿的户外体育活动，促进幼儿身体各器官、身体机能正常生长发育，增强幼儿体质，使幼儿成为健康、快乐、勇敢的阳光儿童。

让客家传统民间游戏永驻童心
——幼儿园开展客家传统民间游戏的意义

梅州市平远县城南幼儿园　刘　兰

现如今的幼儿整天面对电视、电脑和高档的电动玩具，却总感到百无聊赖。地方文化资源已慢慢退出了幼儿们的生活和视野，丰富的本土文化资源被忽视，以致白白浪费。若在幼儿园开展客家民间传统游戏，不仅可以激发幼儿的活动兴趣、增强幼儿体质，还能够培养幼儿的合作意识，培养其乐观、坚强的品质。十几年的幼教工作经验，让我深感挖掘客家传统民间文化的精华对培养幼儿全面发展的深刻意义。

一、客家民间游戏可以培养幼儿参与活动的浓厚兴趣

要有效落实《3～6岁儿童学习和发展指南》精神，我们学前教育改革的当务之急，就是把童年还给幼儿，把游戏还给幼儿，让幼儿拥有能尽情玩耍游戏的快乐幸福的童年。经过在幼儿园一段时间的教学实践，我发现，不管是哪种客家民间游戏，幼儿都非常感兴趣，参与积极性也非常高。如拍手歌，幼儿们边拍手边念："嗒糖糖，卖糖糖；糖好吃，阿嘛（阿爸、阿哥等）尝。"这首儿歌还可以随意创编："嗒粄粄，卖粄粄；粄粄好吃，阿嘛尝。"这是我们组织幼儿玩游戏的最普遍的一种形式，儿歌简短易记，幼儿边念边拍手玩游戏，最后一句还可以根据自己的心情将"糖糖""粄粄"等拍给自己最喜欢的人吃。又如"挤暖"游戏，七八个幼儿背靠在墙上一字排开，两边的幼儿用力往中间挤，谁被挤出来了就排到两边，游戏继续进行，慢慢往中间靠的幼儿会有

即将获大奖般的兴奋,被挤出来的幼儿虽然"唉"了一声,却仍有继续参加游戏的兴致,因为努力挤出别人还能有往中间靠的机会。这些客家民间游戏自身具有趣味性、挑战性,容易让幼儿获得成就感,对幼儿有很强的吸引力。

二、客家民间游戏可以提高幼儿动作的灵活性

民间游戏种类繁多,认真组织开展游戏能增强幼儿身体素质,对幼儿起着多方面的作用。有的游戏能锻炼幼儿走、跑、跳、钻等大肌肉动作,如穿大鞋,幼儿穿好大鞋后要朝直线方向行走才不会被绊倒,这就要求幼儿必须绷直脚走大步,稳定大鞋的方向;又如拖小车,幼儿必须向前直线或曲线跑,并且保持一定的速度持久跑,小车才不会反超到幼儿前面,或者停止滚动。有的游戏能锻炼幼儿小肌肉群和手眼协调能力,如打沙包,幼儿玩的时候需要很好地掌握手心和手背控制沙包平衡的技能,这就要求幼儿小臂肌肉必须均匀用力,还要手眼协调,才能准确地接住或抓住沙包。还有的能训练幼儿的平衡能力,像"斗鸡""编花篮""跳房子"游戏等。"冰块解冻""捉迷藏""抓手指"等游戏则是训练幼儿反应的敏捷性。这些客家民间游戏能培养幼儿初步的自我保护能力和机智勇敢的精神,促使幼儿机体健康和谐地发展,从而增强他们的体质。

三、客家民间游戏可以促进幼儿良好品质的稳步形成

客家民间游戏有其独特的趣味性,它对幼儿养成自制力和意志力有着良好的促进作用。例如,"冰块解冻"游戏中,已变成"冰块"的幼儿必须一动不动地在原地待着,直到有伙伴来解救他,这对一个幼儿来说,特别是自我约束能力较差的幼儿无疑是一个比较严峻的考验,因为他们自始至终只能"定"在那儿等待别人来解救他。有些客家民间游戏难度较大,如在"摸田螺"游戏中,摸螺者必须蒙住眼睛,"田螺"必须猫着腰走,幼儿必须自始至终遵守这一规则,如果做不到,就会造成同伴都不跟他一起玩的后果,这类游戏大大锻炼了幼儿的意志,使幼儿获得耐挫能力。还有些游戏须分组进行,并有一定的规则,使幼儿在游戏中学会与人交往、协商、谦让、解决纠纷、遵守规则等社会行为,可以弥补独生子女家庭教育中缺少同龄伙伴的不足。

四、客家民间游戏可以促进幼儿多种能力的协调发展

客家童谣内容生动、朗朗上口、易记易诵，优美的音乐、和谐的节奏可以给幼儿情感的熏陶和美的享受，让幼儿感受到客家方言的语言美。在增长幼儿的知识，丰富幼儿的语言，训练幼儿语音的同时，使我们的本土传统文化得到进一步的传承和发展。像玩"开火车"游戏所唱的童谣，"（车头）：哎嘿哎，涯个（我的）火车马上就爱（要）开嘞。（车厢）：往耐之（哪里）开嘞？往耐之（哪里）开嘞？（车头）：涯个（我的）火车爱（要）往××（地名）开嘞，爱（要）往××开嘞！"有的客家游戏配有朗朗上口的儿歌，我们也可以为民间游戏创编儿歌。这些儿歌非常顺口，颇具地方特色，深受幼儿喜欢，在增加幼儿民间游戏兴趣的同时，发展了幼儿的语言表达能力。例如，在"跳线绳"时，只是单纯地喊节奏有点枯燥，但我们为其配上儿歌，"风吹树叶哗啦啦，小红起来叫阿妈，阿妈说：'你睡吧！狼来了，我打它！'"节奏正好，一举两得。

五、客家民间游戏可以促进幼儿园与家长的沟通交流

在幼儿园开展客家民间游戏活动，也有助于亲子关系的改善。家长，尤其是老人们，对儿时的游戏往往都难以忘怀，而且津津乐道，这对幼儿园征集和开展客家民间游戏有着极大的推动作用。以前以工作忙或农活多为由对幼儿的在园生活漠不关心的家长们，在客家民间游戏的收集活动中一反常态，热情高涨。在家里，家长怀着愉悦的心情，带着耐心和爱心，和自己的孩子进行亲密的接触和交流，互教互动，尽情游戏。对于习惯把自己封闭在家里的独生子女来说，获得的可是宝贵的社会交往机会，客家民间游戏发挥了其他教育难以替代的独特作用。

六、客家民间游戏可以促使教师专业素质迅速提升

在幼儿园开展客家民间游戏活动，教师们要对客家民间游戏进行收集、整理、筛选、拓展，并使游戏渗透在幼儿园的各项活动之中，而且要寻找客家民间游戏在幼儿主题活动中整合的有效途径，探索客家民间游戏在幼儿主题活

动中进行渗透的教学方式，以形成一套科学的、切实可行的渗透方法，从而积累一些优秀的案例，这样可使教师获取更多的客家民间游戏理论知识，准确把握客家民间游戏作品丰富的内涵，提高教师对客家民间游戏的欣赏能力、表现能力，全面提升教师的客家民间游戏素养，进一步更新教育观念，增强反思能力，促进教师专业素质迅速提升。

总之，客家民间传统游戏具有悠久的历史，是传统文化的传承，是瑰宝，它的魅力经久不衰。在幼儿园开展客家民间游戏活动，对提高幼儿动作的灵活性、幼儿的自制力和意志力的培养、情感的熏陶、亲子关系的改善、提升教师的游戏素养都有不可替代的作用。我们幼儿教师有责任将客家民间传统游戏深入幼儿园活动，让幼儿传承民间传统游戏的精髓，促进幼儿全面发展。

幼儿园开展民间游戏教学的策略

梅州市平远县城南幼儿园 刘 兰

爱游戏是幼儿的天性。高尔基说过："儿童通过游戏，可以非常简单、非常容易地去认识周围的世界。"目前，不少幼儿常常躲在家里足不出户，玩电子玩具、玩手机、看电视、玩电脑，很少到空气新鲜、阳光充足的户外进行锻炼，很少与同伴一起玩游戏，交往意识、合作精神往往欠缺。许多幼儿园开展的游戏活动中所使用的也往往多是现代化玩具，很少自制器械，这其实并不适合当前幼儿的教育。

客家地区民间游戏资源十分丰富，游戏形式多样，大部分具有浓厚的趣味性，符合幼儿好动、好学、好模仿、好游戏的心理特点，同时具有一定的思想性、教育性，较适合幼儿教学活动。身处客家地区的幼儿园，如果能够在平时的教学中加入客家民间游戏，既能丰富幼儿园游戏活动的内容，又可以锻炼幼儿身体，促进幼儿身心全面和谐地发展。那么，幼儿园该如何有效地开展客家民间游戏活动呢？

一、民间游戏选择须"适宜"

客家民间游戏历史悠久，种类繁多，难易程度各异，并非全都适合幼儿，必须选择"适宜"的游戏让幼儿玩。因此，我们在收集、整理了大量的客家民间游戏以后，进行综合研究、分析，结合幼儿身心发展的特点，进行筛选、归类，再有针对性地组织、开展。"适宜"的原则是：

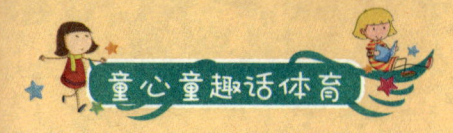

1. 根据幼儿年龄段特点进行选择

每个年龄段的幼儿有着各自不同的特征，所适宜的客家民间游戏也会各不相同。例如，小班幼儿的身体发展还不是很完善，动作协调性相对较差，但正是大肌肉动作迅速发展的时期，我们就开展比较简单的、情节性较强的"丢手绢""跳房子"等提高大肌肉动作机能的游戏；中班的幼儿小肌肉动作发展比较快，动作的灵活性有所提高，我们就选择比较复杂一点儿的"挑花绳""踩花桩"等游戏，帮助幼儿小肌肉动作的灵活发展；大班的幼儿动作协调性大大增强，下肢的发育较快，肌肉力量和工作能力有较大的提高，我们就选择"跳皮筋""打石子""扔沙包"等动作难度更高、合作性更强的游戏。每个幼儿都能开心地玩适合自己的游戏，锻炼了体能，获得了快乐的体验和和谐的合作。

2. 根据幼儿个体差异进行选择

幼儿之间是存在个体差异的，《幼儿园教育指导纲要（试行）》再一次指出："尊重幼儿在发展水平、能力、经验、学习方式等方面的个体差异，因人施教，努力使每一个幼儿都能获得满足和成功。"每个幼儿成长的环境不同，家长的教养方式也不同，因而也决定了每个幼儿运动能力方面的个体差异。对于动作力度比较大但不够灵活的幼儿，我们选择掌握基本动作便能玩的"开合跳绳""斗鸡""扔沙包"等游戏，让幼儿尽情释放动能，又不受技能限制。对于动作灵活性和协调性比较好的幼儿，我们选择"花样跳绳""挑花绳""打石子"等技巧性比较高的游戏，教师再进行适当的指导，使每个幼儿都能得到成功的体验，享受活动带来的乐趣，身心健康发展。

二、民间游戏要开展于幼儿一日活动中

1. 在一日活动的过渡环节中开展

幼儿在园的一日活动中有许多过渡环节，如来园后、离园前、进餐前、起床后等。由于这些过渡环节的时间比较零散，组织集体活动不太方便，因此我们可以选择一些不受时间、场地、人数等条件限制的客家民间游戏，将其穿插于各环节之间，优化一日活动质量，保证各环节过渡自然，减少幼儿等待时间。例如，来园是幼儿愉快地开始一天生活的关键，我们准备了"挑花绳""抓沙包""猜拳""游戏棋"等发展小肌肉或手眼协调能力的游戏，营

造一种温馨的环境。进餐前后、午睡前后这些过渡环节要求幼儿安静等待，我们组织"拍手歌""东西南北"等游戏，这样可以减少幼儿的等待时间，也使各个环节过渡自然，管而不死，活而不乱。

2. 在日常的区域活动中开展

可以在益智区投放"穿绳""游戏棋""五子棋""王和兵"等线绳和各类棋盘，使幼儿在轻松自发的状态下积极开动脑筋；在美工区投放编织（废旧挂历和毛线）、蛋壳民族娃娃（在鸡蛋壳上绘制的客家娃娃）材料，可以培养幼儿的创新能力、耐心和细心，同时还能促进他们手部小肌肉的发展；在表演区投放各种民族乐器、头饰、服装、图片等材料，让幼儿根据自己的喜好去选择自己喜欢的游戏，而且众多的图片，可以让幼儿了解更多有关客家民间游戏的知识，扩宽他们的视野；让幼儿穿上漂亮的服装，翩翩起舞，可以感受客家优美的旋律和舞蹈。所有这些无不让幼儿感受到客家民间艺术之美，陶冶了他们的情操，增强了他们的民族自豪感。

3. 在每天的户外活动中开展

在每天的户外活动时间里，可以选择一些运动量大、发展儿童大肌肉动作的游戏，并且一般是采用集体与分散相结合的活动方式，充分发展幼儿的运动技能。例如，户外游戏"木头人""火车钻山洞"为幼儿扩展了游戏空间；"跳房子""骑竹马"让幼儿从客家民间游戏中学会了遵守纪律；"千千结""推小车"让幼儿学会了团结合作……在游戏过程中，让幼儿感受与体验客家民间游戏的快乐，增强了体质，培养了良好的行为习惯和坚强的意志品质。

此外，还可以在大型活动中加入客家民间游戏。我们尝试着将客家民间儿童游戏、民间体育运动等编排到韵律操、花式操中，并通过组织亲子运动、混龄运动和体能大循环等大型运动进行实践。

三、民间游戏教学要深化为园本教育特色

要使民间游戏在幼儿园教学中"生根发芽，茁壮成长"，保有持续发展力，形成自己的教育特色，实施民间游戏教学一定时间后，必须系统地进行园本培训和编制合适的园本教材。

1. 积极挖掘游戏资源，编制园本教材

幼儿园本身拥有的民间游戏教育资源较为缺乏，我们向社会、家长、教师发放《告知书》，集思广益，取得多方支持，家、园共同收集资料，并请专家指导，精心筛选，形成文本；开展教学活动后，反思总结，再改编、创新成新游戏，从而建构了具有园本特色的民间游戏教学资源，并精心编制文字及视频教材，发放到每位教师手中进行研究和消化。

2. 开展教师培训工作，提高教师教学素养

一是组织教师进行理论学习，就游戏对幼儿动作和智力等发展的利与弊进行研究，为教学工作找到理论上的支撑。二是开展教师培训工作。民间游戏教学对教师来说是一次教学挑战，是全新的尝试。因此，为发挥教师在教学实施中的主体作用，我们将园本培训贯穿于教学实施的全过程，开展了大量的培训工作。三是组织教研例会，提高认识，统一思想，在理论学习的基础上，共同探讨民间游戏教学规律，研讨民间游戏的概念、特点及开发和实施民间游戏的意义，开展了"民间游戏之我见""民间游戏说课"等多次主题交流活动。四是开展教学观摩活动，形成教学研讨活动模式：教师游戏教学观摩——教学观摩后研讨——研讨后的游戏课再展示。通过活动的开展，激发了教师参与教学的积极性，彻底扭转了重室内活动轻游戏活动的思想，转变了教师的教育教学理念。

3. 环境创设，营造氛围

"环境是重要的教育资源，应通过环境的创设和利用，有效地促进幼儿的发展，要充分利用自然环境和社区的教育环境。"我们非常重视为幼儿创设游戏生活环境，给幼儿营造快乐的游戏环境，寓教育于环境之中。在幼儿园户外活动场地上，绘画出小房子、跳八格、套圈等游戏图案，轮胎、小推车、铁环、跳绳、纸盒山洞等玩具随时摆放，便于幼儿取放，为幼儿进行游戏做好了充分的准备；在室内的壁橱上，摆满了各种各样的游戏玩具：穿绳、小水桶、小毽子、小玩偶、拖拉瓶等，让幼儿在丰富的物质环境中探索发现，快乐游戏，健康成长。

总之，客家民间游戏源远流长，资源也非常丰富。在幼儿园教学活动中合理地应用客家民间游戏，不仅能让各个活动环节平稳过渡，而且可以使幼儿更好地自我发展、自我教育。因此，我们要重视客家民间游戏在幼儿园活动中的作用，挖掘客家民间游戏所特有的教育价值，从而提高幼儿园教育教学的效果。

【参考文献】

［1］中华人民共和国教育部.幼儿园工作规程［M］.北京：首都师范大学出版社，2016.

［2］中华人民共和国教育部.幼儿园教育指导纲要（试行）［M］.北京：北京师范大学出版社，2001.

［3］中华人民共和国教育部.3~6岁儿童学习与发展指南［M］.北京：首都师范大学出版社，2012.

小足球游戏在幼儿园教学中的运用

梅州市梅县区实验幼儿园　潘苑苹

一、研究目的

开展足球运动，使幼儿掌握足球运动的基本知识和运动技能，并且通过活动培养幼儿的良好品质，提高幼儿团结、合作能力，探索总结出幼儿园适合开展的足球运动内容，编辑形成园本足球课程。

通过课程的开发与实施，探索尝试在幼儿园开展足球运动的方法和途径。《幼儿园教育指导纲要（试行）》指出："用幼儿感兴趣的方式发展基本动作，提高动作的协调性、灵活性，培养幼儿坚强、勇敢、不怕困难的意志和主动、乐观、合作的态度。"体育游戏是幼儿最喜欢的活动之一，它对锻炼幼儿各器官的功能、增强幼儿的身体素质、培养幼儿健康活泼的个性等都起着不可忽视的作用。幼儿能从游戏中得到愉快的享受，这愉快的情绪促使他们积极地参加到游戏中，自身的各种能力获得锻炼和发展。因此，教师可根据本土资源，将小足球活动游戏化、多样化。

小小的足球，具有拍打、投掷、踢等玩法，它不仅能满足幼儿身心发展的需要，而且能培养幼儿对运动的兴趣和良好的个性，有利于提高幼儿的手眼协调能力，促进幼儿体能的发展，提高幼儿的心理素质，建立自信心，满足参加运动的愿望。形成幼儿小足球系统课程，将有利于幼儿园小足球活动的深入开展。幼儿园小足球活动具有自己的特殊性，活动时不能像要求小学生、中学生那样来要求幼儿。幼儿的规则意识很弱，需要在教师的组织指导下进行活动。

该活动顾及到了幼儿的兴趣和需要，有利于促进幼儿身心的发展，更重要的是能使幼儿对足球产生兴趣，并能延续到以后各个成长阶段，乃至终生。幼儿所形成的基本动作将为今后的体育活动打下基础；所养成的坚强的品质和良好的习惯能够影响他们今后的学习、工作和生活。将活动游戏化就是使幼儿以遵循其身心发展规律的方式去完成活动，如在中班的"拍球"练习中，由于拍球比较枯燥，所以可以把它设计成"看谁拍得快""看谁拍得多"的游戏，幼儿还能两两结对，比比谁最快拍到10下，这样既锻炼了幼儿的拍球能力，又调动了他们的积极性。多样化的游戏可以调动幼儿在小足球活动中的主动性、积极性和创造性，同时可以消除疲劳。因为多样化的活动也是一种积极的休息，可以保证幼儿持久地开展游戏。例如，在"运球"练习中，我设计了"比比谁运得快""运球折返跑""运球接力赛"等几个游戏，交替进行，也可以分组进行，将调动积极性与压抑积极性相结合，激发了幼儿在活动中的兴趣，使幼儿在活动中不知不觉地学习了各种技能。小足球可以被运用于拍球、运球、传接球、抛接球和踢球活动中，根据幼儿的不同年龄特点来设置不同的教学目标。小足球在幼儿体育活动中深受幼儿的喜爱，他们对小足球表现出极大的兴趣。

二、研究方法

1. 小足球在拍球练习中的运用

拍球练习是最基本的小足球教学内容，是一切小足球运动的基础，只要把基础打好了，剩下的其他内容就比较容易掌握了。幼儿拍球能力的好坏，取决于其有没有好的球感。所谓球感，是球类运动员对球的特性的感知能力，它是球类运动员具有的一种特殊的专门化知觉。这种知觉是比较精细的、分化了的综合性知觉。在幼儿的拍球练习中，如果只是练习拍球就会显得非常枯燥，因此可以设计出如高低拍球、左右手拍球、数数拍球、转圈拍球等不同的拍球游戏，激发幼儿对拍球的兴趣。拍球时要求幼儿注意手掌张开；注意球弹起的高度，一般到胸口为好；注意拍球的节奏，一下一下地拍，慢慢地发展幼儿的球感。

2. 小足球在运球练习中的运用

运球练习适合于中班。运球技术包括高运球、低运球、转身运球、跑动

中运球、绕障碍运球等。运球可以提高手指对球的感应能力、控制能力和手指手腕的集中爆发能力，以及粘球的技巧熟练程度，也可以使幼儿注意力高度集中，形成良好的心理素质，提高观察能力。运球是幼儿从边拍球边向前行进开始，慢慢发展到可进行快速运球跑的练习。我们可以设计不同的游戏来提高幼儿的运球能力，如运球绕障碍物，分成几组进行运球比赛，运球折返跑等。根据幼儿不同的年龄特点，中班幼儿可以沿直线运球，大班幼儿则可以绕圈运球。在运球的过程中，提醒幼儿注意运球时球的高度，一般球到胸口高度即可，在高速运球时球的高度可适当低一点儿，达到腰部即可。

3. 小足球在传接球练习中的运用

足球运动是一项集体对抗的竞赛项目。传接球练习是把集体凝聚起来的一种活动。传接球教学的基本要求是：快、准、稳、及时。在幼儿传接球练习中，传球的要求是：两眼要看住对方，双手持球在胸口，使用手腕力量，以对方胸口为目标，根据距离的远近（一般不太远）使用不同的力度传过去。而接球的要求是：手掌张开，手背朝向胸口，迎球伸出，手触球后，缓冲来球力量，两手握球。一般来说，幼儿比较害怕这种"飞来"的球，手总会下意识地挡住自己的脸，较难接住球，教师要慢慢地引导。完成传接球练习要幼儿的手眼协调能力发展得较好才行。

在活动中，我们可以让幼儿先学习接球，由教师传球，幼儿接球，当幼儿不再害怕接球这个动作时，再让幼儿自己尝试传球。教师也可以尝试让幼儿接反弹球，把球抛到墙上，然后接住反弹回来的球，这样可以促进幼儿手眼协调能力的发展，提高其传接球的能力。

4. 小足球在抛接球练习中的运用

幼儿使用小足球进行自抛自接练习可以为后续的传接球练习打下基础。幼儿将球往上抛时，眼睛须随着球的高度而转移，判断球抛到哪种高度的时候落下来才能被接住，以此来提高幼儿手眼协调的能力。在自抛自接球的基础上，幼儿与幼儿之间、幼儿与教师之间才能很好地配合进行传接球。所以，幼儿在掌握了自抛自接球的技能上，才能更好地发挥传接球的水平，从另一个方面来说这样也可以培养幼儿合作的意识，只有幼儿与幼儿配合默契，齐心协力，才能很好地完成传接球的练习。

三、结论与建议

小足球在幼儿体育游戏中扮演着十分重要的角色,一方面,幼儿对小足球非常熟悉,有生活经验,对它感兴趣;另一方面,通过小足球在体育游戏中的渗透,幼儿在玩中学、学中玩,不仅能掌握小足球的基本玩法,还能学会有关于小足球的其他技能,一举两得。小足球还有利于促进幼儿健康心理的形成和发展,而这种作用是建立在科学的方案实施的基础上的,因此应运用学前教育先进理念,并使之渗透于小足球活动之中。

【参考文献】

[1] 庞建萍,柳倩.学前儿童健康教育[M].上海:华东师范大学出版社,2008.

[2] 申桂红.幼儿自我保护教育的实践与探索[M].北京:北京师范大学出版社,2009.

做好安全预防措施，大胆开展体育活动

梅州市梅县区实验幼儿园　吴小苑

幼儿天性活泼，喜欢体育活动和体育游戏。但幼儿年龄小，缺乏运动经验，各项动作机能不健全，动作的灵活性、协调性、平衡性较差。幼儿在跑跳、钻爬等活动中，容易忘我地尽兴玩耍而忘记安全提示，对自己危险动作的行为后果不能预见，因而容易在体育活动和户外游戏中出现摔伤等安全事故，因此幼儿期是人一生中最容易出现意外和危险的时期。很多幼儿园把安全事故纳入考核，出现幼儿受伤等事故当班教师会受到扣发工资等处罚。目前有的幼儿园和教师为了避免事故的发生，在体育活动中采取消极预防的方法，不敢大胆开展体育活动，或者是开展体育活动时对幼儿诸多限制，使幼儿的运动量不够，因此阻碍了幼儿体育教学的发展，也极大地影响了幼儿身体机能的提高。

我们不能因为担心幼儿安全就减少幼儿的体育活动，下面就幼儿园开展体育活动时应如何做足、做好安全预防措施，应如何加强安全教育，提高幼儿的安全意识和自我保护能力，从而让教师大胆放手开展体育活动，促进幼儿健康发展进行详细的阐述。

一、幼儿园体育活动中安全隐患的预防措施

1. 定期检查，排除体育器材及场地的安全隐患

幼儿园要定期对园内大型体育器材和体育器械的安全性进行检测，如有安全隐患应及时维修。教师必须在幼儿活动前就掌握活动内容和活动路线。例如，选什么场地、用什么器械、如何操作等，活动前要考虑这些安全问题，还

要根据活动内容选择合适的场地与器材。如果场地中有大型体育器材，要注意留给幼儿一定的空间；当幼儿操作器材时，教师要提醒他们与同伴保持安全距离，以免发生危险。如果是进行躲闪、投掷等活动，就应该选择较宽敞的、空旷的、没有障碍物的场地，以避免幼儿相互碰撞带来的危险。

2. 让幼儿知道正确使用体育器械，才能安全活动

正确使用体育器械，幼儿的身体才能得到最佳的锻炼。首先，教师要正确演示、讲解体育器械的使用方法，示范时要求动作正确规范，不能模仿幼儿的错误动作，避免幼儿因好奇而模仿错误动作。讲解与示范要合理结合，根据幼儿掌握动作的情况，来确定讲解示范的重点，帮助幼儿全面理解，掌握有关的技能技巧，避免危险。其次，教师要提醒幼儿不正确使用器械可能带来的危险。例如，跳绳如果抽打在同伴身上会出血、红肿，跳绳应与同伴保持一段安全距离，防患于未然。

3. 选择合理的体育活动形式

要为幼儿选择合理的体育活动形式。首先要在日常生活中认真观察幼儿，对每个幼儿的身体状况、个体差异要有足够的了解。对于身体素质好、爱运动的幼儿，可以安排跑动稍多一些的活动或是能够提高他们体质的活动，而对于那些不爱运动、体质稍弱的幼儿，则可安排拍皮球、荡秋千等运动强度相对低一些的活动，使他们对体育活动产生兴趣，不排斥之后再逐渐增加运动量。其次要控制时间，选择适合幼儿生理发展水平的活动，尽可能避免悬吊或震动类的活动，运动一定时间之后要安排幼儿休息一段时间。最后要注意有针对性地安排徒手操和器械操，使幼儿的肌肉、骨骼和关节能够得到锻炼，同时教师在活动中应注意对幼儿安全意识的引导和心理素质的培养。

4. 严格控制幼儿的运动量

为了避免过量运动对幼儿造成伤害，要从以下几个方面对幼儿的运动量进行严格控制。首先，应当考虑幼儿的个体差异。由于父母抚养方式的不同，幼儿的身体健康状况、活动能力和体质各不相同，这一点与成年人是类似的。因此，教师在组织体育活动时，就要充分考虑到幼儿的个体差异。对于运动能力强、身体健康状况较好的幼儿，要注重提升其活动技巧，引导他们多加练习；对于处在中等水平的幼儿，教师则可以不断提高活动难度，从易到难，使幼儿

逐渐掌握活动要领；对于活动能力较弱或排斥体育活动的幼儿则要注重引导他们参与体育活动，教师须重点指导以改善其身体的协调能力。其次，应当考虑幼儿参与活动的兴趣。只有当教师安排的体育活动能够吸引幼儿的注意力时，他们才愿意参与其中，享受运动的乐趣，才有可能达到必要的运动量。最后，要考虑到幼儿才是体育活动的主体。只有在他们真正对体育活动感兴趣的基础上，引导他们积极参与，使其成为运动主体，才有可能使他们在有限的活动时间里充分参与，尽可能地发挥自己的运动能量，最终达到应有的运动效果。

5. 运动前后避免暴饮暴食

要防止幼儿在运动前后暴饮暴食，主要靠教师的控制和引导。一般来说，幼儿在运动前并不会形成"多吃、多喝才能有体力活动"的错误认知，这时，只要教师合理安排幼儿的常规餐饮，就能够确保其在活动前饮食适量。需要特别重视的是幼儿大量活动后，容易产生饥饿感，或是觉得口渴，非常容易出现用餐过量或快速、大量饮水的情况，这时需要教师根据幼儿平时的用餐表现，关注每个幼儿的用餐情况，确保幼儿不会用餐过多。同时，在饮水方面，教师要给幼儿提供适量的温开水，避免幼儿饮水过快，也要控制幼儿的饮水量，以免幼儿因快速、大量地饮水而对心脏和肠胃造成负面影响。

二、加强体育活动安全教育

1. 活动前的安全教育

幼儿在进行体育活动前，教师应组织幼儿系统地开展安全教育，加强幼儿的安全意识。在活动前教师首先应考虑到一些活动中潜藏的危险，然后针对这些可能发生的危险，告诉幼儿活动时要注意的事项。其次，教师在平时的体育活动前应引导、教育幼儿注意运动时穿的衣服、鞋要轻便、安全，提醒幼儿鞋带过长、穿高跟鞋或者皮鞋等都会使身体在运动中受到潜在的伤害，让幼儿积累运动经验。

2. 活动时的安全提醒

在开展体育活动时，教师要适时地提醒幼儿与他人保持适当的距离，避免碰撞和肌肉拉伤等。同时，教师应该在体育活动中保持高度的警惕，一旦发现幼儿做出不安全的动作或者其他危险的事情,应当及时制止,并且对幼儿进行适时教育,在幼儿形成了安全意识,掌握了一些规则后,安全事故的发生概率自然也就降低了。

活动中教师要密切注意观察体育活动的全过程,适时地教给幼儿一些自我保护和应变的方法,让幼儿了解哪些情况会引发危险,及其可能发生的后果。例如,幼儿在玩"切西瓜"游戏时,容易跟迎面跑来的幼儿相撞,所以教师应让幼儿知道不能低头向前冲,要学会用眼睛观察周围的情况,与对面跑来的幼儿闪开、错开,避免碰撞跌倒;手不要插在口袋里;不小心跌倒时,可以用手支撑身体,防止头着地。

3. 通过典型事例教育幼儿在体育活动中要注意安全

幼儿观察能力较差,眼睛里经常没有他人,所以误闯误撞的事经常发生,但这并没有引起幼儿的警觉。例如,在一次练习投掷沙包的活动中,明明很顽皮,总是不管小伙伴有没有准备好,便将沙包抛给他,结果一不小心小伙伴没有接着,沙包打在了他的眼镜上,眼镜掉在地上摔坏了,虽然小伙伴的眼睛没有受伤,但明明也害怕了,看着我和地上的眼镜不说话。此时,我没有马上批评明明,而是等了一会儿,问明明如果小伙伴今天没戴眼镜会怎么样,明明小声说,沙包会打在眼睛上。看着明明的样子,我没有再说什么。通过明明的事情,幼儿才知道玩耍时不能只顾着自己开心,不顾他人。从此以后,明明在器械活动中再也没有发生类似的事情,还经常告诉别人应该怎么样做。幼儿是体育活动的参与者,在活动过程中,教师要善于利用一些典型的事例素材来提醒幼儿要安全地投入活动。

三、训练幼儿的体能,增强其自我保护能力

《幼儿园教育指导纲要(试行)》指出:"幼儿园必须把保护幼儿的生命和促进幼儿的健康放在工作的首位。"安全意识是指幼儿对安全知识的掌握及保证自身安全的基本行为的认识,是幼儿自我保护能力的一个重要方面。幼儿学会自护,就等于在学会生存上向前迈进了一大步,而生存是发展的重要保障。

水能载舟,亦能覆舟。运动潜伏着危险,但同时幼儿在运动中能够强身健体,还可以学会保护自己。曾经有人说过:"孩子们活动得越多,就对自己的

把握越大，也就越安全。"也就是说，运动经验有助于减少危险，幼儿能从中获得处理危险的知识；幼儿如果缺乏与年龄相应的运动经验，那么发生事故的可能性就会大得多。从另一方面来说，幼儿的体能如果增强了，那么，他自身本能的防御能力和自我保护能力也就增强了。

其实，在现实生活中我们不难发现，一些平常比较调皮、活泼好动的幼儿，无论是奔跑蹦跳还是钻爬攀登，动作都非常灵活、熟练，而且反应敏捷，相对来说磕磕碰碰就少一些，而那些平时很少运动的幼儿，动作就显得比较笨拙、迟钝，相对来说也比较容易受伤。尤其是现在绝大多数幼儿是独生子女，对家长的过度依赖，使他们动作的平衡能力、灵活性都达不到自我保护的要求。因此，我们应该通过各种途径训练幼儿的体能，帮助他们提高自我保护能力。例如，我班幼儿在用雪碧瓶子自制的抛接器玩抛接纸球的游戏时，刚开始都不敢把纸球抛起来，即使抛起来了也躲闪着不敢去接。慢慢地，一段时间后，幼儿的纸球越抛越高了，而且接得也越来越准了。这个过程不但锻炼了幼儿手眼的协调性，提高了他们动作的灵活性，而且在增强幼儿身体素质的同时，还培养了他们的自信心，最重要的是在无形之中强化了幼儿的自我保护意识。所以说，增强体能是提高幼儿自我保护能力的有效途径。

在体育活动中，教师可以采用讲解、谈话法，也可以用演示法来教育幼儿注意安全。教师既要高度重视和满足幼儿受保护受照顾的需要，又要尊重和满足他们不断增长的独立需要，避免过度包办、代替，而要鼓励幼儿尝试自护。当然，幼儿体育活动中的安全工作，牵涉诸多方面，但笔者认为，加强幼儿在户外体育活动中的安全意识和自我保护能力，才是预防意外发生的最有力武器。

教师应做足、做好安全预防措施，科学合理地组织幼儿的体育活动，培养幼儿良好的运动习惯，教给幼儿一些自我保护的方法，使幼儿学会在运动中进行自我保护。教师不必担心幼儿在户外体育活动中受伤，如果体育活动能够安全开展，幼儿就能在教师的带领下健康、安全、快乐地成长！

【参考文献】

［1］王勤，王虎魂.浅谈幼儿体育教育的发展［J］.内江科技，2010（11）.

［2］姜勇，张云亮，钱琴珍，宋寅喆.《幼儿园教育指导纲要（试行）》实施10年来我国幼儿园教师队伍的建设［J］.幼儿教育，2011（33）.

［3］吴岚，陈媛.为孩子撑起一把保护伞——浅析幼儿园的安全隐患及预防措施［J］.中国校外教育，2013（29）

（2016年11月收录于《12届亚洲幼儿体育科学大会论文集》）

论体育游戏对促进幼儿健康发展的重要性

梅州市梅县区实验幼儿园　高爱萍

体育游戏是幼儿园体育教育最基本的组织形式，它不仅能有效促进幼儿智力的发展，而且是对幼儿进行全面发展教育的重要形式，是幼儿最基本的活动。在幼儿喜欢的游戏中，体育游戏可以说是最普遍、最有趣、最能发挥幼儿创造力又能协调身体动作的游戏，它不但可以让幼儿得到许多丰富的知识经验，而且有助于幼儿养成良好的习惯，能够促进幼儿能力和个性的全面发展。

一、体育游戏有利于调节幼儿的身体机能，发展幼儿各方面的能力

体育游戏一般是在户外进行的，幼儿的身体可以直接接触到充足的阳光、新鲜的空气等，这些自然因素能加强幼儿对外界环境的适应能力。同时，在玩体育游戏时，不断变换动作，使幼儿的肌肉群不一直处于某一紧张状态，使身体不同部位的骨骼和肌肉得到松弛，特别是游戏开始前的准备动作和结束前的放松动作，很好地调节了幼儿的身体，让幼儿的身体得到了健康全面的发展。幼儿体育游戏能激起幼儿高涨愉快的情绪，是一种保健手段。例如，幼儿在体育游戏中，情绪高涨，这样能使幼儿克服困难，顺利地完成某项游戏动作，形成乐观开朗的性格。体育游戏是完善幼儿已经掌握的技能和提高身体素质的有效方法。游戏活动中教师要求幼儿把注意力放在须达到的目标上，而不是完成动作的方式上。因此，为了达到游戏目标，幼儿必须适应游戏动作。例如，玩"捕捉"游戏时，每个幼儿应该注意捕捉者的动作，当捕捉者走近自己的时

候，必须迅速跑到对面，感到安全了再放慢速度，或者停住。当捕捉者又靠近了，则又要加快速度。这种适应突然变化或者对于信号迅速做出反应的要求，提高了幼儿的观察能力和思维能力，锻炼了幼儿的灵活应变能力。

二、体育游戏能满足幼儿轻松愉快的游戏需求

当幼儿在活动室较安静地度过20~30分钟，再进入户外大操场时，他们内心的紧张便会立即消失，感到轻松愉快。当幼儿在开展体育游戏时，同伴之间如果能相互配合，团队精神就能够很好地体现出来。如"揪尾巴"游戏可以培养幼儿灵活躲闪的能力，训练幼儿听指定口令做相应动作，可以很好地提高幼儿的观察能力及应变能力，同时也让幼儿的四肢得到了很好的锻炼，让幼儿身体的各个器官都处于轻松愉悦的状态，这对幼儿的身体发展起到了很好的调节作用。

三、体育游戏有利于促进幼儿的智力发展

动作协调、灵敏的幼儿思维比较敏捷，并具有较强的分析和解决问题的能力，能够快速做出正确的分析、判断。小班幼儿注意力不稳定，他们对单纯的体育活动不感兴趣，这就要求教师要创设良好的游戏氛围，在不同情境中用不同的角色推动活动的开展。例如，"小狗爬爬"游戏以小朋友扮演小狗去给好朋友送礼物这一流程为主线，在整个游戏中，我们着重以提高幼儿思维的灵敏性为目标。因为爬本身是一种单调、枯燥的运动，如果把爬变成一种愉快的运动，则既有益于骨骼和肌肉的发育，又有利于幼儿思维的灵敏性的提高。首先，"小狗"要根据教师发出的信号的变化，不断变换爬的方式。比如，小鼓节奏快，"小狗"要爬得快；小鼓节奏慢，"小狗"要爬得慢。幼儿有节奏地和着音乐的节拍爬，同时教师不时地变换方位，让"小狗"朝指定目标爬行。这样的一种游戏方式既可以激发幼儿参与游戏的兴趣，又可以让幼儿快速思考和做出反应，提高幼儿动作的协调性和灵敏性。体育游戏还可以锻炼幼儿的注意力、理解力、想象力。游戏中，幼儿还能形成最简单的时间、空间意识，如"起初""从这""以后""在这以前""始""同时""在我数到七的时候"等词让幼儿明确时间定位，"前进""后退""居中""往左""往

右""上面""下面""越过""一个跟一个"等词让幼儿明确空间定位,幼儿根据变化的指令迅速做出反应,以此很好地促进自身智力的发展。例如,幼儿在"不倒娃娃"游戏中,比赛单腿站立,看谁站的时间长,让他们自己数数,以此形成数的概念。又如,在"给小动物喂食"游戏中,幼儿把不同的"食物"投进各种动物头像的嘴里:把青菜投进兔子的嘴里,把鱼投进猫的嘴里等,以此了解小动物吃东西的习性。总之,不管是游戏内容、游戏过程,还是游戏规则,都可以促进幼儿智力的发展。

四、体育游戏有利于培养幼儿的自信心

著名的教育家陈鹤琴说过:"小孩子喜欢游戏,但更喜欢在游戏中取得成功。这是因为游戏的成功一方面给幼儿带来愉悦,另一方面可以使幼儿得到父母、教师、同伴的赞许。"《3~6岁儿童学习与发展指南》中也指出,幼儿阶段是形成安全感和乐观态度的重要阶段。如果幼儿在体育活动中常常遭受失败,那么他们就会产生否定"自我"的倾向,表现为缺乏自尊和自信,行动消极、被动和退缩,具有较强的依赖性,容易产生不安全感。因此,在组织幼儿开展活动时,教师应做到在言语和行为上处处照顾每一个幼儿,多用肯定和鼓励的语言与幼儿交流。对于那些活动能力差的幼儿,也要在言语上、情感上给予鼓励和支持,而不应轻易加以否定或批评。例如,在组织幼儿跳绳子的时候,有个别幼儿由于无法掌握动作要领,总是被绳子绊住,对跳绳失去了信心,对自己也失去了自信,觉得自己肯定不会跳,对活动产生了排斥心理。当他们面对甩过来的绳子时,脚就不听使唤,这时教师就要用鼓励的口吻说:"你行的,试试看好吗?"哪怕只跳过了一下,教师也要为他加油:"真棒,再来一次。""加油!加油!"这些幼儿在教师的鼓励和同伴的影响下,勇敢地跨出了第一步,克服了畏难心理,掌握了动作要领,也树立了自信心。

五、体育游戏能培养幼儿良好的道德品质

《3~6岁儿童学习与发展指南》指出,要充分尊重和保护幼儿的好奇心和学习兴趣,帮助幼儿逐步养成积极主动、认真专注、不怕困难、敢于探究和尝试、乐于想象和创造等良好的品质。而体育活动是培养幼儿良好品质的最佳途

径。在体育活动中，我为幼儿设计了克服不同困难的情境，因为幼儿只有克服了一定的困难，敢于探究和尝试，具有一种良好的品质，才能将体育活动进行下去。另外，要对幼儿进行严格的游戏规则教育。游戏规则应贯穿于游戏的全过程，它有利于规范幼儿的行动，促进其道德品质的发展。例如，可利用游戏"狡猾的狐狸"提高幼儿的注意力、耐心和对信号的反应力，从而形成良好的个性——镇定、勇敢、顽强。又如，在游戏"老鹰抓小鸡"中，"母鸡"设法保护"小鸡"，"小鸡"则团结一致，不离开集体，"老鹰"机智灵活地去捕捉队尾的"小鸡"。他们的行动限制在统一的规则之中，他们的一举一动相互联系，利用这一游戏，可以促进幼儿道德及意志品质的发展。

六、体育游戏有利于培养幼儿互相配合的良好习惯

有些体育游戏需要同伴相互配合，如在游戏"炒黄豆"中，两名幼儿手拉手面对面站立，一边念儿歌一边左右晃动两手，念到最后一个字"斗"时，两名幼儿同时按同一个方向转身。在这个游戏中，两名幼儿必须配合默契，要不然就会影响动作的完成，搞不好还会扭伤手臂。因此说体育游戏能够培养幼儿互相配合的良好习惯。

七、体育游戏有利于培养幼儿的集体主义精神

《3～6岁儿童学习与发展指南》要求幼儿"能较快适应集体生活"。现代社会大多是核心家庭，独生子女比较多，幼儿的玩伴较少，很难有集体概念，而体育活动基本上是集体活动，幼儿在活动中与同伴频繁接触，协同活动多，因此可通过体育活动促进幼儿集体概念的建立和发展。幼儿园的体育活动主要是通过体育游戏来完成其教学任务的，体育游戏有其特有的规则、情节，从内容到形式，从方法到要求，都具有强烈的集体性。为了达到游戏目的，幼儿必须通过互相合作去完成各项活动，如在"送汤圆"的游戏中，幼儿分成四组进行比赛，每个人必须手拿勺子，上面放个"汤圆"（乒乓球），跨过"水沟"，钻过"山洞"，走过"独木桥"，将"汤圆"送到小白兔家里，最后，哪一组送的"汤圆"多则获胜。这种合作的游戏，使幼儿在游戏中探索如何相互配合完成任务，使幼儿知道，要取得游戏的最后胜利，必须与同伴友好合

作，互帮互助。因此，教师应多组织一些竞赛性强、合作多的活动，有助于培养幼儿与同伴合作互助的集体主义精神。

总之，进行户外体育活动，不仅能锻炼幼儿的身体，提高幼儿对自然环境的适应能力，增强幼儿的体质，还能丰富幼儿的生活，使他们始终精神饱满，活泼愉快，形成开朗的性格。同时，开展户外体育游戏活动也符合素质教育的要求，对幼儿的心理、生理发展具有积极的促进作用。因此，作为幼儿教师必须重视幼儿的体育教育，并不断寻找合适的教育方法，激发幼儿的体育兴趣，引导幼儿在体育游戏活动中体验成功，形成活泼健康、自信乐观、团结互助、勇于克服困难、勇于竞争的优秀品质，使幼儿成为适应社会需要、坚强乐观的人，为幼儿今后德、智、体、美、劳的全面发展奠定坚实的基础。

户外体育游戏是幼儿最喜欢，也是最有意义的活动，幼儿正处在长身体的阶段，身体各部分都还处于发展阶段，科学的户外体育游戏活动可以很好地促进幼儿的身体健康全面发展。幼儿户外体育游戏活动实在太妙了！因此，应在幼儿园一如既往地推进实施。

【参考文献】

[1] 王新晨.根据幼儿体育游戏特点实施幼儿体育游戏教学[J].教育导刊，2002（Z1）.

（2019年1月发表于《少男少女·教育管理》）

如何让幼儿安全地进行体育活动

梅州市梅县区实验幼儿园　蔡雪花

一、研究目的

《3～6岁儿童学习与发展指南》中指出："幼儿阶段是儿童身体发育和机能发展极为迅速的时期，发育良好的身体、愉快的情绪、强健的体质、协调的动作，是幼儿身体健康的重要标志，也是幼儿发展的基础。"但是户外体育活动又存在很多不安全的因素，如何让幼儿安全地进行体育活动，我们做了认真的研究。下面将研究情况总结如下。

二、研究方法

1. 文献资料法

根据儿童身体发育的特点及《3～6岁儿童学习与发展指南》，幼儿每天应该进行不少于2个小时的户外活动，其中体育活动不少于1个小时。在户外体育活动的时间方面我们坚持保证时间、分散安排、因时因地制宜的原则。保证时间即把体育活动纳入幼儿一日常规生活时间表中，并把这1个多小时划分为晨间户外活动、上午体育活动和下午体育活动。还根据季节气候特征，及时调整各次活动的时间，如夏季时，延长晨间活动和下午活动时间，减少上午十点以后太阳暴晒的时间；冬季时，延长上午和下午活动时间，缩减早晨活动时间等。

2. 思考法

在设计体育活动时，我们会对体育活动的内容、器材、场地进行周详地考

虑。首先，根据幼儿身体生长规律和年龄阶段选择适合幼儿的运动项目。为幼儿设计合适的活动内容，如小班幼儿多选择走、钻、爬等项目，并以游戏的形式开展；大班幼儿可选择跑、跳等项目，以竞技的形式开展。其次，在选择运动器材时，我们会检查器材的材质是否安全，是否有损坏，边缘轮廓是否锋利等，以免给幼儿造成不必要的伤害。最后还要考虑活动的场地。检查场地是否平整宽阔，如何规划使用场地。如投掷类的活动，要预先安排投掷的方向、距离，避免投掷物伤到幼儿。

3. 观察记录法

在进行体育活动以前，我们会先观察每个幼儿的精神状态和着装。幼儿如果精神状态不佳，如病后初愈，我们会让他减少运动的强度。体育活动时，我们要求教师和幼儿都穿布鞋。在活动以前我们会检查幼儿的着装，如衣服是否穿得过厚过紧，纽扣是否扣好，鞋子有没有穿反，鞋带是否系好。在体育活动中，我们会密切注意幼儿的举动，及时发现和制止幼儿不安全的行为。在活动结束后，我们会留意每个幼儿的精神状态，并把本次活动的效果记录下来，方便日后参考和改进。

4. 实验法

在体育活动中，幼儿是真正的活动主体，如何让幼儿安全有效地运动，我们认为要注意培养幼儿的安全意识和安全技能。体育活动开始时，我们会详细讲解和正确示范动作的要领和器材的使用方法，讲解游戏规则，让幼儿正确有序地进行游戏。另外，我们要在平时就注重培养幼儿的安全意识和安全技能，如活动中不推挤同伴，摔倒时手先撑地，快速奔跑时不要说笑，遵守游戏规则等。再如，让幼儿知道剧烈运动过后不要猛吹风，不要急于喝水，不能躺在地板上等。

三、结果与分析

1. 教师素养的提高

为了有效开展体育活动，教师要根据幼儿年龄特点和身体生长发育规律，选择合适的体育活动项目，精心设计活动过程，充满热情地组织每一次活动，并细心观察，及时反思教学中的成败得失。我们还定期开展教师观摩课，互相学习、交流、研讨，有效地促进了教师专业素质的提高。

2. 促进幼儿身体的健康发展

通过幼儿园三年有效适宜的体育活动练习，幼儿的动作发展水平、平衡能力、动作的协调性及灵活性、体力及持久性等方面已有长足的发展，达到了《3~6岁儿童学习与发展指南》中的标准，幼儿身体得以健康发展。

四、结论和建议

通过不断的实践与研究，我们已经掌握了一套较完善的安全开展体育活动的方法，科学设计体育活动，有效预防、避免和减少活动中的意外伤害，使幼儿愉快安全地参加活动，达到强健体质的目的。

户外体育区域活动师幼互动初探

梅州市梅县区实验幼儿园　陈艳玉

通过课题研究发现户外体育区域活动要进行得丰富多彩，教师和幼儿的互动是很重要的。师幼互动是教师与幼儿双方的经历历程和情感思维两方面互动的综合体，它存在于幼儿一日活动的各个领域中，是促进幼儿全面发展的关键因素，并对幼儿发展产生难以估量的重要影响。新型师幼互动关系是双向的，既重视教师的辅助，又重视幼儿的主动精神。幼儿在户外的体育区域活动大都是根据自己的兴趣爱好和原有经验进行的，要使活动具有丰富性和多变性，教师在互动中就要起到推波助澜的作用，让幼儿动力无限，创意无限。

一、宽松的互动环境让幼儿动力无限

"师幼互动"应建立在轻松自由的基础上，让教师和幼儿在愉快的心情下产生积极的互动。如果双方一直处于一种强迫紧张的氛围，就会产生负面的影响，因为在这种情况下幼儿根本无法自由表达自己的意见。如果幼儿连自己的基本想法都无法表达，那也就谈不上所谓的互动了。因此，要想进行积极的互动，就要创造一种宽松愉快的氛围。兴趣是一切活动顺利进行的引导线，特别是幼儿的活动，更应该以兴趣为主。因此，教师在日常生活中应仔细观察幼儿的兴趣点是什么，及时捕捉，加以引导，再把问题反馈给幼儿。例如，一次去户外沙池玩沙，那天阳光明媚，幼儿格外高兴，因为又要去玩沙了。每个幼儿拿好玩沙的工具：漏斗、小铲、小桶、小锄头、瓶子、各种模具等，脱了鞋进入沙池，个个脸上洋溢着灿烂的笑容。在沙池里我问他们："小朋友，今天你们想怎么玩呢?""我想挖条小河。""挖个地道。""我想做一个大农场。""我想做个大蛋糕。""我们用沙子盖个大楼房吧!"……幼儿的想法有很多很多。于是我让他们自由组合去玩沙,三人一组、五人一组,或者更多的人一组,只见幼儿用铲子铲,用各种小锄头扒,还有的幼儿去旁边的草地捡来树枝插在沙子上面,对同伴说:"我们一起来种树吧!给树浇水,让它长得好高好高。"然后用洒水桶装水给它浇水。还有的幼儿在挖路、挖河、挖坑、挖山洞等,忙得不亦乐乎。铭铭就挖了一条长长的、弯弯曲曲的小河,她跟小伙伴说:"小河挖好后,会有好多小鱼游来的。"她把旁边放着的一条玩具鱼放进她的"小河"里,其他同伴看见了也模仿她把玩具鱼放进去。然后她还拔了一些草放进她的"小河"里。这时我走过去问铭铭:"你把草放进去干什么呀?""它是河里的水草呀!老师,这你都不知道。"我笑了笑又问:"你挖的河叫什么名字?""它叫铭铭河。""它是铭铭的河吗?"铭铭高兴地说:"对,就是铭铭的河。""为什么叫铭铭河呢?""老师你没看见呀,这河是我挖的,是我设计的,所以就叫铭铭河。""啊!铭铭真是太棒了!"我和这名幼儿就这样交流了很久很久,幼儿的语言表达能力真是太强大了!幼儿的身上蕴藏着极大的创造潜力,只要给他们广阔的空间,每个幼儿都能在其中找到亮点,这次户外体育区域活动"玩沙"就是这样。沙的可塑性很强,它是千变万化的,幼儿可以通过玩沙,了解沙的特点。幼儿在思考如何玩更有趣,这样就能发挥他们的想象力和创造力;堆沙、铲沙、拍沙、运沙等活动则提高了幼儿动作的灵活性。在玩沙活动中幼儿自由结伴,可以培养幼儿的合作能力。幼儿在沙场上无拘无束地活动,叽叽喳喳,雀跃不已,平时调皮的幼儿此时更显兴奋,即使以前内向胆小的幼儿也活跃了很多,能大胆地去和同伴交流。我觉得还有更重要的一点,玩沙还可以培养幼儿的口语表达能力,他们会边玩边商量怎样进行。我觉得教师在和幼儿的互动中给幼儿创设宽松自由的活动环境,能够更好地发挥他们的想象力、创造力、口语表达能力。这次活动让幼儿感受到了玩沙的快乐,他们尽情地发挥想象力去创造,自主地去尝试、去体验,在不知不觉中感知了沙的特性,既拥有了快乐玩耍的体验,又达到了快乐学习的目的。

二、角色互动转换让幼儿动力无限

新观念下的教师已经不只是"传道、授业、解惑"的师者，而是"以专业的眼光赋予学习者和学习以价值的人"。因此在师幼互动过程中，教师应根据幼儿的需要准确把握自己的角色地位，努力做好不同角色的转换，积极引导幼儿主动而有目的地发展。例如，在玩"毛毛虫"的户外体育区域活动中，教师既是教育活动的组织者，又是活动过程的观察者、引导者、参与者。教师带领幼儿做"毛毛虫"，练习半蹲走，锻炼幼儿的下肢力量，提高动作的协调性、平衡性。为了培养幼儿的协作意识，提高其注意力和模仿能力，教师是引导者和组织者；当和幼儿一起成为"毛毛虫"进行比赛时，教师则又变成了幼儿活动的参与者，是幼儿的伙伴；当幼儿想通过其他方式表现自己对"毛毛虫"的感受时，教师应及时地为幼儿提供帮助，成为幼儿学习的支持者。根据幼儿的需要及时地转换角色，对师幼互动行为的开启和师幼互动行为的进行是极为有利的。

三、创设互动情境让幼儿动力无限

教师是幼儿创造活动的引导者和合作者。当幼儿出现问题时，教师应该及时给予帮助和引导，使幼儿的探究活动顺利进行。"以幼儿为本"，就是要帮助幼儿成为学习的主人，注意在活动过程中激发幼儿内在的学习动机，这是促进师幼互动的关键所在。例如，幼儿在用圈圈开车玩时，我们应该积极参与其中，给幼儿提出具有挑战性，能引发幼儿新旧经验之间冲突的任务："这么多车开来开去，会撞车的，怎么办呀？"引导幼儿意识到问题和冲突，以促进幼儿更有价值的主动学习和创新行为的发生，即把幼儿的兴趣点引导到建构交通岗或者立交桥上来，设置一些情境，让活动更加有趣。又如，在一次跑跳投掷类的体育区域活动中，只见幼儿把材料拿出来，堆成一条路，跑一跑，跳一跳，投一投。过了一会儿，幼儿就表现出没什么兴趣的样子。可以看出，除了这些游戏方式，幼儿也不知道还有哪些其他玩法。这时我说："我们用这些材料来玩士兵突击队，大家想想可以怎样安排。"幼儿的兴趣马上就被调动起来了，有的说可以把圈圈设置成弓箭来射击敌人；有的说可以垒高椅子来阻挡危险；有的说可以把沙包当成炸弹，扔到敌人身上。我根据他们的设计让幼儿重新进行游戏，直到吹哨示意活动结束了，幼儿还兴致浓厚，舍不得离开。从这次的活动可以看出，教师的适宜互动非常重要。幼儿刚开始只是机械重复，完全没有体验到游戏的快乐。后来教师的一句话就调动了幼儿的情绪，幼儿把材料整合起来，创设了一个主题，并积极地参与到游戏中。这种游戏方式提升了幼儿的社会情感，而不是单一的身体机能上的锻炼。幼儿通过与材料之间的互动，在游戏中愉快地获得发展。教师要有意识地运用"情景假设"的指导策略，为幼儿营造出模拟生活的场景，使幼儿有身临其境之感，在游戏中更为自然地释放情感，拓展思维。

四、挖掘闪光点让幼儿动力无限

挖掘闪光点，用欣赏的眼光客观地看待幼儿的行为。每个幼儿都有被认可的欲望，当他们认真地完成一件事情时，教师对幼儿的活动及其成果表现出惊奇、欣赏，甚至由衷的喜悦，那么幼儿就会身心愉悦，形成良好的自我意识，进而提高他们创造的勇气和热情。在一次户外体育区域活动中，我把圈圈一个一个摆放在塑胶地上，开始圈圈是排成了一整排，轶轶小朋友很不满："老师！太简单了！我们不这样玩。"对于轶轶提出的问题及要求，我并没有扼杀，而是让他去征求他们那组小朋友的意见。于是，几个人围在一起嘀嘀咕咕地商量着。轶轶那一组的小朋友把圈圈重新排列，经过尝试跳跃，确定距离之后排放圈圈，把跳跃游戏的难度加大了。经过一段时间的练习，他们觉得这些玩法也没有难度了。我走到他们组看了看，竖起大拇指大声地说了一句："真不错！"其他组的小朋友听见我的点赞，也叽叽喳喳地加入进来，发表自己的想法。最后轶轶那组的小朋友不征求我的意见了，而是直接动手摆圈圈，继续加大难度进行挑战。对中班的幼儿来说，将圈圈排成一排进行跳跃实在是太简单了，显然轶轶小朋友也发现了，这个年龄阶段的幼儿对自己的身体运动能力都有一定的了解，同时也十分愿意把自己的想法和意见告诉教师，很有主见。教师也不用费太大的精力和幼儿互动，只要挖掘他们的闪光点进行放大，幼儿的表现欲望就会膨胀，他们就会主动去实践，在实践中总结，总结后再次开展游戏。教师要在活动中给予幼儿足够的时间、足够的空间以及足够的自主，放

手让幼儿成长，看到幼儿不同的一面。我们要善于做一个"懒"教师，让幼儿更"勤快"地动手实践，动脑思考，动嘴总结。

幼儿眼中的世界是绚丽多姿的，生活是丰富多彩的。幼儿本身极具可塑性，我们只要在户外体育区域活动中开展积极有效的师幼互动，让他们自由发展个性，发挥潜能，就会惊奇地发现每一个幼儿都是杰出的艺术家，他们的"作品"会让你惊叹不已！

体育分区活动中的师幼互动

梅州市梅县区实验幼儿园　李苑兰

《幼儿园教育指导纲要（试行）》提出："要大力发展幼儿体育活动，通过丰富多彩的体育游戏和户外活动，来增强幼儿体质，培养幼儿参加体育锻炼的兴趣和习惯，提高他们对环境的适应能力和与他人的合作和和谐相处能力。""在体育活动中，还应注意培养幼儿坚强、勇敢、乐于助人、不怕困难等品质，塑造其品格，健全其个性，培养他们积极乐观的合作态度。"对《幼儿园教育指导纲要（试行）》进行解读，可以发现，幼儿园体育活动越来越受到人们的重视，在幼儿全面发展中具有举足轻重的作用。幼儿园教师可通过体育分区活动，加强与幼儿的互动和沟通，提高其参与体育分区活动的积极性，以及活动质量。

一、组织幼儿做好身体的准备和放松运动

在参加体育分区活动前，幼儿往往热情高涨，此时，教师不应让幼儿直接进行体育分区活动，因为该活动运动量大，不做身体准备和放松运动，就直接开始，极易造成身体损伤。为了不打消幼儿参与体育活动的积极性，在此环节，教师应注意说话的艺术性，从而使幼儿乐于听从教师的安排，并积极地投入热身运动中。

例如，我在此环节播放了运动员刘翔百米跨栏时的比赛视频。视频不仅包括刘翔比赛的内容，还包括他在场边热身的场景。观察到幼儿的注意力都集中在视频内容上时，我问道："小朋友们，你们知道刘翔比赛前要热身的原因

吗？"这个问题抛出后，幼儿你一言我一语，说得不亦乐乎，答案几乎一致：为了在比赛时不受伤。此时，我再让幼儿做身体准备和放松运动，他们就欣然接受了。在我的示范下，幼儿学得有模有样。

二、相信幼儿，让他们做体育分区活动的主人

幼儿年龄虽小，但他们依然渴望得到他人的信任，成为活动的主人。因此，教师在组织幼儿进行体育分区活动时，应充分尊重幼儿的主体地位，让他们做活动的主人。在具体实施过程中，教师可分两步走。第一步，教师可先让幼儿熟悉场地环境，熟悉各种活动器材的性能和使用方法，从而为其后续利用器材进行体育活动奠定扎实的基础。在此过程中，教师可先进行示范，然后让先学会的幼儿教还不会的幼儿，通过实行小先生教学模式，每个幼儿都知道如何在保证安全的前提下使用活动器材。这样的方式，有利于增强幼儿之间的交流和互动。第二步，教师应引导幼儿走入活动区。由于每个幼儿都是独立的个体，具有截然不同的运动基础、运动习惯等，在此过程中，教师可能会遇到比较腼腆的幼儿，此时，应多加鼓励和引导，使他们不再拘谨，从而扩大自身活动范围。教师可鼓励幼儿多玩，通过教师的动来引导幼儿的动。开始时，教师动的次数多一些，随着活动的展开，幼儿对教师的依赖逐渐减小，此时，教师动的次数可逐渐减少。

三、平等相待，让体育分区活动真正成为幼儿的活动

在体育分区活动中，教师应重视建立自身和幼儿的关系，通过对幼儿的平等相待，实现彼此的良性互动，幼儿因此会对教师多一份信任和喜爱。在体育分区活动中，幼儿教师应积极转变观念，使其由以往的教授者、调节者、维持者向合作者、支持者和引导者方向转变。在此过程中，教师应对每一名幼儿进行仔细观察，当发现幼儿出现一些新的动作时，可立刻组织其他幼儿进行模仿，这样的方式，一方面可以培养幼儿的自信心和成就感，另一方面也提高了幼儿参与体育活动的积极性。对于幼儿在体育分区活动中出现的危险行为，教师应及时制止；对于体力较弱的幼儿，教师在提供帮助的同时，不妨让其他幼儿参与进来，通过一帮一、多帮一的形式，来培养幼儿乐于助人的道德品质和

团结合作的团队精神；对于过度运动的幼儿，教师则提醒他多注意，从而使该体育活动真正成为幼儿的活动。

四、结语

总之，体育分区活动中的师幼互动质量并不是教师一个人的事情，需要幼儿的积极配合和大力支持，唯有此，才能使活动更具吸引力。在此过程中，幼儿教师要将幼儿视作活动的主体，在保障安全的前提下，给予他们自由选择的权利，这样有利于营造良好的师幼关系。让幼儿对教师多一份爱戴和认可是提高体育分区活动质量的重要途径。

【参考文献】

[1]孙科.幼儿体育：认知·成长·生命——中外学者访谈录[J].体育与科学，2017（1）.

[2]孟会君，蔡迎旗.项目活动中的师幼互动研究——基于课堂师幼互动评估系统（CLASS）的实证研究[J].早期教育（教科研版），2016（5）.

（2019年2月发表于《新课程》）

以"一物多玩"促幼儿创造力发展

梅州市梅县区实验幼儿园 刘骏芳

《幼儿园教育指导纲要（试行）》指出："体育游戏能促进幼儿的正常发育和身体能力的发展，增强幼儿体质，发展幼儿的基本动作，提高幼儿动作灵敏度、协调性。"平日里教师组织起来的幼儿体育活动多数缺乏创新意识，形式主义逐渐把幼儿的主观能动性侵蚀了，机械化模仿使幼儿难以实现身心全面、和谐地发展。由于活动时间有限，容易造成幼儿锻炼机会少、等待时间长的状况，最终导致运动量和运动密度远远不够，随之也就出现了所谓的精力过剩的"问题儿童"。缺乏对体育活动材料的种类和玩法上的深入探索和研究，使幼儿的思维往往被教师和环境所限制。

我们决定把研究游戏玩法的主动权交给幼儿，因为丰富有趣的游戏玩法是幼儿游戏的主要动力。我们和幼儿一同商量游戏的玩法和规则，让幼儿成为活动的主人。在"一物多玩"活动中，教师应该有计划地为幼儿提供不同程度的指导，营造不同的环境条件，以帮助幼儿逐步建立起创造性解决问题所需的思维方式，进而有效地促进幼儿创造力的发展。

一、从"一物多玩"实现对幼儿的分层指导

任何活动内容既要适合幼儿的现有水平，又要有一定的挑战性。事实上，在体育游戏活动中，内容的单一与标准的统一使一些能力弱的幼儿生理和心理的负荷都超量。因此，在活动中应注意幼儿的个体差异。教师应根据不同年龄、不同性别幼儿的个体差异，对幼儿实行分层指导，使每一个幼儿的身心朝

着健康和谐的方面发展。在游戏活动中，我们也发现有些幼儿所创新的内容实际上正是符合他们个体发展的水平的。于是我们结合幼儿的创新活动，在他们创新的基础上进行加工，利用"一物多玩"对幼儿进行了分层次的指导。

例如，抛接球，这是一个看似简单的活动，但教师通过日常的观察，从自己班的幼儿水平出发利用"一物多玩"实现了分层指导。层次一：自抛自接，向墙面目标投射；层次二：对抛对接；层次三：一人接多人抛等。不同的要求满足了不同层次幼儿的发展水平。在对幼儿的分层指导下，每个幼儿都能体会到成功的喜悦，使不同能力层次的幼儿的创造力都得到适宜的发展。

二、尝试整合教学，开展激发幼儿灵感和创意的生态式体育活动

例如，在"有趣的绳子"活动中，我引导幼儿进行了玩玩、看看、讲讲、想象、画画等多感官活动，一根简单的短绳在幼儿大胆的想象下变成了奇怪的山脉、流淌的小溪、飞翔的风筝、嬉笑的娃娃。通过甩绳，刚才的绳画又被他们变成了其他有趣的图案。户外活动时，幼儿把绳子变成小河、冲锋线等，他们又钻又爬又跳又走，玩得十分开心。在一系列的综合活动中，每一件玩具不再是单纯的活动器具，而成了幼儿参与各项活动的引子，幼儿的口语表达能力、创造力、想象力、交际能力等都有了很大的提高。而且，在不断尝试并获得成功的同时，幼儿的自信心也得以增强。

三、以"同伴互动"培养幼儿的创造力

与同伴之间的互动，可以引发幼儿对"一物"想象出更多的玩法。例如，有教师在指导幼儿进行"玩伞"的活动时发现，一开始幼儿仅局限于把自己的伞放在地上练习各种跳法。但是在自由探索中他们发现，自己的伞与同伴的伞的弯柄可以相互钩在一起，于是就产生了"大风车""开汽车""拉力赛"等令他们兴奋不已的合作游戏。有研究发现，幼儿在玩某种器械时，常常是几个同伴一起玩，当一个幼儿想出新的玩法时，其他的幼儿则会受到启发，能力强的幼儿就会在此基础上想出更好的玩法，能力弱的幼儿则会参与玩的过程。这既激发和培养了幼儿的体育兴趣，又提高了其参与体育活动的积极性和主动性。这样不仅可以使幼儿的智力得到开发，同时他们的动手操作能力也可得到

更大程度的发挥；幼儿在相互交流玩法的过程中，语言能力也得到了提升。

由此可见，作为教师的我们能做的是为幼儿挖掘出更多的可以创造"一物多玩"的材料品种，甚至走进幼儿中间和幼儿一同寻找灵感，创造新的体育器械玩具。此外，由于"一物多玩"对材料的玩法不设限，若教师在活动中对幼儿进行必要的指导，则更有利于促进幼儿创造性的发展。

【参考文献】

[1] 陈纳."一物多玩"中促进幼儿创造力发展的策略[J].教育导刊（下半月），2014（9）.

[2] 沈俊.反思"一物多玩"对幼儿创造力的培养[J].学前课程研究，2007（2）.

（2018年9月发表于《儿童大世界》）

利用户外体育区域活动促进幼儿德育的发展

梅州市梅县区实验幼儿园　魏宝婷

幼儿德育是幼儿期必须接受的教育,旨在培养幼儿热爱祖国、热爱集体的情感,培养幼儿诚实勇敢、团结友爱、爱护公物、懂礼貌、守纪律等良好品德和习惯。由于幼儿的认识能力有限,所以,幼儿园教学要想实现这一目标,不仅要向幼儿灌输理论知识,还要合理利用各种途径,包括户外体育区域活动,来促进幼儿德育的发展。

一、户外体育区域活动对于幼儿德育的积极作用

1. 有助于合作意识的树立

在进行户外体育区域活动的时候,幼儿并非独自玩耍,而是在集体中游戏,因此必须学会如何与他人合作。部分户外体育区域活动会以比赛的形式开展,有竞争就有团队,就需要幼儿互相合作、共同完成。当幼儿在共同的努力下取得了名次,他们的集体荣誉感就会增强;如果他们不能为集体而战,而是各玩各的,受到挫败后,就会对集体和合作的重要性有更加深刻的认识,从而有助于幼儿合作意识、集体意识的树立。

2. 有助于规则意识的树立

"没有规矩,不成方圆",社会是因为有其内在规范才能有条不紊地发展的。处于前运算阶段的幼儿容易以自我为中心,常常站在自己的立场去看待事物,心智不够成熟,不能很好地利用规则来约束自己。幼儿在参与户外体育区域活动的过程中能够直接接触到"规则",了解到规则的作用及遵守规则的重

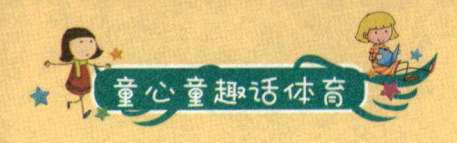

要性，从而在心中树立起规则意识。

例如，在领取或者放置体育器材的时候，幼儿如果遵守规则——按顺序排队，依次取放，就能够快速地取放器材，并得到教师的鼓励；如果他们不守规矩——一拥而上，你推我挤，则容易造成混乱，甚至受伤。又如，滑滑梯时，幼儿必须按照顺序依次滑，不能争抢、推挤；同时，还得遵守"没有小朋友处于滑梯底部位置时再滑"的规则，不然就容易伤到别的小朋友。总之，在户外体育区域活动中，幼儿通过听从教师的叮嘱，向遵守规则的其他幼儿学习，相互监督等方式，能够直观认识到遵守规则的必要性，从而树立起规则意识。

3. 有助于养成爱护公物的习惯

户外体育区域活动少不了各种各样的设施和器材，如攀登架、跷跷板、跳绳等，多样的器材和设施为幼儿提供了多元化的活动项目，但是如果幼儿不爱护它们，这些器材和设施就会损坏或者加速老化。在教师的教导及幼儿的相互监督下，幼儿就会慢慢养成爱护公物的好习惯。

4. 有助于培养勇敢自信的性格

户外体育区域活动是在户外进行的开放性活动，这就意味着活动类型是多元化的，其中有一些游戏对于部分幼儿来说是"极具挑战性的"，如攀爬较高的爬梯等，如果幼儿能在教师或者同伴的鼓励和陪同下，战胜自己的恐惧，勇敢去尝试，最终克服困难，顺利完成，就会产生极大的满足感，并且在之后的生活中，会更勇敢地去尝试。

二、利用体育区域活动发展幼儿德育的做法

1. 幼儿自主选择为主，教师引导为辅

户外体育区域活动的最大特点就是其自主性，幼儿应该自主选择而不是听从教师的安排。要想直观了解到幼儿的真实性格，并制定出个性化的教学方案，从而促进其德育发展，就得充分调动幼儿的主动性，不去压抑和束缚他们。但是，在幼儿自主选择的基础上，也要辅之以教师的引导。幼儿在做出错误行为时，教师应及时制止并纠正；当幼儿缺乏勇气和自信时，教师应积极鼓励。只有以幼儿自主选择为主，教师引导为辅，才能最大限度地发挥户外体育区域活动在幼儿德育过程中起到的作用。

2. 规范不同区域活动阶段，抓住德育契机

在实践中，我们不难发现，在户外体育区域活动中，有些教师会省略准备阶段、整理阶段和总结评价阶段，在他们看来，这些阶段是可有可无的，甚至在过程阶段，也是放羊式的观望。事实上，不同的区域活动阶段存在许多德育的良机。当教师有意在户外体育区域活动中渗透德育时，他们就会成为德育的践行者，除了自觉规范自己的言行举止，也会努力去培养幼儿的道德品质。教师可以在活动过程中注意挖掘幼儿的一些良好品德并及时予以肯定。如，在幼儿不敢过"独木桥"时，旁边的幼儿会鼓励他；有幼儿破坏器械，看到的幼儿会制止他；有幼儿在整理器械时，其他幼儿会主动帮忙或合作搬较重的器械。而在评价阶段，教师应不仅仅局限于规则评价、成果展示，也可以加入道德评价。教师可以像讲故事一样和幼儿分享自己刚才看到的现象，请幼儿自行评述刚才的行为。这些良好的师幼互动均能促进幼儿道德品质的提升。

3. 密切与家长的联系，构建合作关系

幼儿的道德教育十分关键，这不仅要依靠幼儿园教学，家庭在其中也扮演着重要角色。教师通过观察和陪同幼儿完成一系列户外体育区域活动后，要及时将幼儿在活动中的表现及存在的问题反馈给家长，保持与家长的密切联系，共同推进幼儿德育的发展。

4. 结语

户外体育区域活动是促进幼儿德育发展的有效途径，然而如何合理利用户外体育区域活动渗透幼儿德育，需要通过实践来不断加深认识。幼儿的道德教育直接关系到个人的性格、品德，以及人生观、世界观、价值观的发展，其重要性是不言而喻的，幼儿园教师、学生家长及社会各界应该共同致力于幼儿道德教育工作，为幼儿营造良好的德育环境。

【参考文献】

[1] 达晖盈.幼儿园如何开展德育教育[J].科学咨询（教育科研），2019（8）.

[2] 朱晓红.体育区域活动中幼儿探索行为的表现探研[J].成才之路，2019（6）.

［3］徐萍.浅谈幼儿园如何开展德育教育［J］.读与写（教育教学刊），2017（12）.

［4］廖丽娴.户外体育区域混龄活动中幼儿安全意识和行为的培养［J］.科学咨询（教育科研），2018（7）.

（2019年10月发表于《新课程》）

浅谈幼儿园体育活动的重要性

梅州市梅县区实验幼儿园 凌挽兰

当今社会,大部分父母的育儿观念或多或少存在一些重智育轻体育、重保育轻锻炼的情况,父母们普遍认为幼儿园体育活动的作用只是体现在提高幼儿的身体素质方面,而忽略了体育活动对幼儿还具有其他方面的价值。

其实,按照《幼儿园教育指导纲要(试行)》的相关要求,幼儿园体育活动是具有非常重要的教育价值的。幼儿园应积极创设环境、优化教学计划,开展形式多样的体育活动,使幼儿对体育活动产生兴趣,积极参加活动,锻炼身体,形成不怕困难、勇于挑战困难的意志品质和主动乐观、团结协作的态度。同时,体育活动不仅对提升幼儿的身体状态和运动能力有重要的促进作用,使幼儿拥有健康的体魄,还可以拓展幼儿的思维,激发幼儿的创造力,丰富幼儿的感性认识,从而提高幼儿适应环境的能力。下面笔者将从以下几个方面浅谈幼儿园体育活动的重要性。

一、体育活动有利于增强幼儿的身体素质,提高幼儿的健康水平

一个健康的身体是幼儿生存发展的基础。当前随着科技和生活水平的提高,许多如肥胖、体弱多病、胆小等生理和心理上的问题也随之增多,使幼儿普遍存在运动量及运动能力不够、体质差等特点,主要原因是幼儿园及家长忽视了幼儿进行体育活动的重要性。针对这些不良情况,怎样做才能保证幼儿的健康水平呢?可以预见的肯定是要提高幼儿的身体素质,也就是要多开展体育活动。但体育活动要适量,且应在幼儿身体营养均衡的条件下进行,以促进幼

儿良好运动习惯的养成，达到增强幼儿体质的目的。

因此，幼儿园要增强幼儿的身体素质，提高幼儿的健康水平，使其拥有更加健康的体魄，这就要求幼儿园的园长和教师要积极创造和完善体育活动环境，规范幼儿的练习动作，为开展幼儿体育活动打好基础。比如，巧妙利用幼儿园现有的活动场地和活动器械，按照其功能的不同及幼儿的年龄层次分成各种不同的活动区（弹跳区、平衡区、综合区等），因地制宜地合理规范设置场地，使幼儿锻炼的目的性、层次性、差异性得到保证；同时，教师应该结合不同的活动区域，在体育活动中设计一些符合幼儿年龄阶段的有趣简单的动作，加强幼儿在跳跃、攀爬等方面的练习，让其能够开心安全地进行体育活动，使幼儿拥有健康的体魄，从而有更好的精力进行学习。

二、体育活动有利于培养幼儿的意志品质和开拓幼儿的思维

养成良好意志品质和开拓思维的最佳时间在幼儿阶段，而培养幼儿的良好意志品质和开拓思维的最佳途径是体育活动。但是，幼儿年龄层次的不同会导致其理解能力的不相同，要使幼儿有好的锻炼效果，这就需要幼儿园的教师根据幼儿的不同年龄层次，采取丰富多彩的形式进行体育活动的教学。

1. 在培养幼儿意志品质方面

在体育活动中，教师可充分利用上文提到的不同功能区域，为幼儿创设多种不同困难的情境，让其经历活动过程并克服困难，培养幼儿迎难而上的意志品质。比如，模仿动画片《汪汪特工队》里的救援情节来设计活动，在救援路径中分别设置不同的障碍（过平衡木、钻滚筒），只有依次穿越过这些障碍，才能到达目的地救援小狗狗。在活动中，大部分幼儿在面对较困难的障碍物——平衡木的时候，都显得比较胆怯。这时，教师就应该在旁边鼓励和引导幼儿，幼儿挑战成功后就能切实感受到克服挫折所带来的乐趣，从而培养其良好的意志品质。

2. 在开拓幼儿思维方面

教师在平常简单常见的体育活动中也可穿插引导幼儿锻炼自身的思维能力和创造力。比如，教师在带领幼儿玩跷跷板这类活动时，是需要两个人共同配合才能完成的。教师挑选两个体重差不多的幼儿同时坐上跷跷板的时候，跷跷

板是和地面平行的。这时,其他幼儿的跷跷板却是一上一下的,那么,教师就应见缝插针进行适当地引导,解释他们的跷跷板不会动,而别的幼儿的跷跷板可以动的原因,当他们思考并理解了这个问题时,这个体育活动的目的就达到了。这个过程开拓了幼儿的思维,提升了幼儿的思维能力。

三、体育活动有利于培养幼儿的团结协作意识

现在的幼儿多为独生子女,他们是长辈眼中的"小公主""小皇帝",集家人的疼爱于一身,但这容易使幼儿形成自私、孤僻的性格,如玩玩具都是各自抢一堆自己玩,这种缺乏合作精神的行为随处可见,对他们将来的发展是很不利的。幼儿园体育活动可以有效地放松幼儿的情绪,通过有针对性地开展须通过互相合作才能完成任务的活动,增强幼儿的团队意识。

比如在开展"两人三足"的活动时,教师将幼儿随机分成几组,各组选两名幼儿团结协作,两人并排站立,一人左腿与另一人右腿的膝盖以下、脚踝以上部分用绳子绑上,进行竞走比赛。幼儿在起点处出发,至对面标志处返回至起点处。此类体育活动既促进了幼儿的身心发展,又增加了锻炼的趣味性,更重要的是使幼儿能在体育活动中互帮互助,有利于在幼儿间形成浓厚的团结协作意识。

总之,幼儿园体育活动教学不仅能提高幼儿的身体素质,使其拥有健康的体魄,还有利于开拓幼儿思维和培养幼儿的团结协作意识。随着幼儿年龄的增长,这些在其今后的生活和学习中都有十分重要的作用。

幼儿园自制体育器械投放的有效性研究

梅州市大埔县第二实验幼儿园　陈丽敏

当下一些幼儿园的体育器械过于传统，大部分的体育器械种类过于单一，缺少一些新颖的器械，导致幼儿对体育游戏的积极性严重下降。相较于传统的体育器械，自制体育器械的优势在于，它的设计比较新颖，幼儿会对这类器械产生浓厚的兴趣，从而增加他们对体育活动的兴趣。同时，自制体育器械所用的材料大部分是废弃的体育器械或者废旧物品，从而更大程度地实现了资源的重复利用，提高了幼儿园的经济效益。通过研究自制体育器械，有助于相关的教育研究。许多教师为了保障自制体育器械可以得到高效的使用，没有了解幼儿的实际情况，只是一味地投放自制体育器械，这是值得相关管理人员思考的问题。笔者通过大量的研究之后，总结出了一些有效的解决措施，具体的解决措施如下。

一、创立三维立体格局，多元自制体育器械

体育活动的效果与体育器械是息息相关的，合理的体育器械可以激发幼儿对体育活动的构思和思考，从而促进他们有效地开展相关的体育活动。相关调查表明，幼儿对器械使用的情况直接影响到他们的情绪和行动。在进行相关课题研究的时候，研究人员应该以教师为核心，以幼儿为辅助，全面发掘家庭方面的资源，从而建设对应的三维立体格局。具体可以以教师制作、亲子制作和父母制作等方式，以幼儿的兴趣为基础，尽可能满足幼儿需要的东西，鼓励幼儿去收集一些被丢弃的环保材料，让他们自己去研究自制体育器械，并且将研

究出来的制作方法制成相应的图册。例如，可以使用PVC管和迷彩布自制体育器械"担架"等。

二、有效利用，选择合适的自制体育器械

自制体育器械的具体玩法非常多，因此，它在促进幼儿体能发展方面的作用是不容忽视的。幼儿园应该根据幼儿的年龄特点、开展活动的地点特点和活动进行的时间特点等，在一些地方添加合适的自制体育器械，从而实现自制体育器械的价值。

1. 根据幼儿年龄特点与能力的不同添加自制体育器械

由于幼儿年龄的不同，添加适当的自制体育器械可以有效地规避不适应现象的发生，从而帮助他们高效地进行体育活动。对于一些年龄比较小的幼儿而言，他们往往会对日常生活中常见的体育器械感兴趣，如相同颜色、形状和类型的自制体育器械。对于年龄比较大的幼儿而言，随着他们智力和体力水平渐渐地提高，他们对自制体育器械的需求更高了，会放弃一些比较简单的自制体育器械，而去选择一些难度比较高和具有挑战性的自制体育器械。幼儿一般会对自己参与制作的器械感兴趣，选择自己喜欢的器械，这大大地增强了幼儿主动参与活动的积极性。

2. 根据活动场地添加自制体育器械

对于一些比较宽的场地，可以添加竹梯、单双杠和木架等自制体育器械；对于一些比较窄的场地，可以添加平衡木、担架和轮胎等自制体育器械。

3. 根据时间特点适当添加自制体育器械

在晨间活动期间，幼儿园可以添加一些做早操时适用的自制体育器械，从而帮助幼儿练习基础动作。例如，可以利用废弃的绳子做"绳子操"；可以利用废弃的奶粉罐，编成"奶粉罐操"等。

4. 设立以班级为主体的体育游戏区域

幼儿园可以利用走廊和活动室等空间，设立适合幼儿进行游戏的区域，从而提高幼儿动作的灵活度，使小地区也可以得到充分的利用。例如，将走廊的角落区域制成穿越区，从而提高幼儿的灵活性和柔韧性；将有格子的地板制成游戏区域，让幼儿可以在这个区域玩跳格子游戏，从而锻炼幼儿的跳跃本领和

下肢力量等。

三、探寻有效的教师指导策略

大量的分析研究表明，一个教师的指导能力的大小直接决定了幼儿所玩游戏质量的高低，因此，提高教师的指导能力是非常必要的。

1. 研讨交流，引起教师的重视，提高教师的研发意识

（1）在准备课程的时候，相关的研究人员应该开展大量的探究和讨论活动，根据不同年龄段的幼儿制定不同的要求，明确活动目的，从而确立正确的课题发展方向。

（2）通过大量地探究学习和开展活动，提高教师的综合素质，帮助教师形成科学的教育观和儿童观，提高知识技能。通过相关教育专家的细心指导，为一些教师提供相应的解决方法，从而帮助他们摆脱困惑。同时，鼓励相关的教师不断创新，总结不足之处，弥补自己的不足。

2. 潜心挖掘，优化体育游戏指导策略

（1）利用简洁图标，引导幼儿熟悉玩法。在幼儿平时的活动期间，幼儿园可以在自制体育器械上面添加一些图标，从而帮助幼儿了解自制体育器械应在何处安置和相关注意事项。

（2）建立合理常规，引导幼儿有序活动。教师在安置自制体育器械的时候，相关的负责人可以邀请一些幼儿参与进来，让他们一起来决定这些自制体育器械安置的地点；同时，让他们提出一些对应的活动规则。教师需要引导幼儿提高爱护器械的意识。

（3）教师需要参与进来，给幼儿必要的指导。教师应该合理地参与到幼儿的游戏当中，适时地给出一些好的建议，这样不仅可以提高幼儿活动的兴趣，还可以使游戏进行得更加顺畅。

通过上面大量的分析，我们可以得出结论：幼儿园应该根据幼儿的不同特点，适当地投放自制体育器械，让幼儿的机能和体质得到稳定的提高。

【参考文献】

[1] 吴小平,周毅东.充分利用时空与材料增强幼儿身体素质[J].学前教育研究,1998(6).

[2] 唐云.幼儿园保育员的现状及对策研究[J].成才之路,2017(6).

[3] 冯君.早期幼儿身体素质培养探析[J].黑龙江教育学院学报,2006(3).

[4] 龚雪丽,方红.学前教育中幼儿身体遭遇的困境及其调适[J].现代教育科学,2018(9).

开展阳光体育活动，促进幼儿身心健康成长

梅州市大埔县第二实验幼儿园 陈小辉

幼儿的素质教育问题是当前社会各界，尤其是教育界讨论的热点问题，教育部门也正在积极地探索幼儿素质教育发展的途径。《幼儿园教育指导纲要（试行）》明确提出："幼儿园应为幼儿提供健康、丰富的生活和活动环境，满足他们多方面发展的需要，通过开展丰富多彩的户外游戏和体育活动，培养幼儿参加体育活动的兴趣和习惯，增强体质，提高对环境的适应能力。"1992年国务院提出了"提高全民素质首先要从儿童抓起"，1999年6月又颁布了《关于深化教育体制改革全面推进素质教育的决定》，素质教育从此取代了"应试教育"。幼儿教育是基础教育中一个重要的组成部分，身心健康对幼儿成长来说是最为重要的，让幼儿活泼健康地成长是幼儿园工作的根本宗旨。因此，我园创立了以"阳光快乐体育活动"为园本特色的办园方向。阳光体育活动的主要组成部分是体育游戏，也是幼儿最喜欢的活动，它与幼儿的身心发展特点相符合，能够较好地达到使幼儿身心健康发展的目的。为了解在实践活动中体育对幼儿身心（情绪控制、意志品质、思想品德、集体意识）影响的情况，我园设立了"开展阳光体育活动，促进幼儿身心健康成长"的课题，成立课题小组，对各项体育活动进行创设、记录、分析与研究，为在幼儿园开展阳光体育教学活动提供充分的依据，以有效促进幼儿身心健康成长。

一、条件

我园于2014年8月建成开办，是按照省一级幼儿园标准来设计建造，拥有现代化的办公与教学条件的一所新园。园内设置有音乐活动室、美工活动室、图书阅览室、综合游戏室、科学启蒙室、体育活动室、大礼堂等功能场室。户外活动场所有塑胶运动场、游泳池、玩沙池、玩水池、30米直跑道，还有种植园地、饲养角等，有适合发展幼儿各种基本技能的大、中、小型运动器械，幼儿园建筑场地独立完整，布局合理，园内环境优美舒适，绿化充足，无噪声影响，空气流通，阳光充足，场地干净平整。幼儿园占地面积8489平方米，目前入园人数为402人，人均占地面积21.12平方米；户外活动场地使用面积2570平方米，人均6.4平方米；幼儿园可绿化面积为4826平方米，已绿化面积为3475平方米，绿化覆盖率为72%。各项指标均达到省一级幼儿园标准，能充分保证幼儿户外活动场地安排和户外活动质量，为幼儿提供良好的体育活动环境。我们把户外活动区分成13个各种类型的活动区域，幼儿在这里可以拥有足够的空间去玩体育游戏，以满足自身各方面的发展需要，很好地促进身心健康发展。

二、体育活动对幼儿身心健康发展的探究

1. 体育活动对促进幼儿身体健康发展的影响

体育活动的特点是重复愉快的身体活动。所以，体育活动对促进幼儿身心健康发展是非常有效的。体育活动在保证幼儿情绪愉快的同时，还能促进幼儿身体各方面（尤其是对动作的学习及模仿的能力）的发展。因此，体育活动对促进幼儿身心健康发展有积极的作用。我们观察户外活动时幼儿的表现发现，13个区域26个小组的幼儿在活动时，都神采飞扬，积极尝试各种玩法，表现出积极、向上、愉快的情绪。

2. 体育活动对促进幼儿注意力发展的影响

体育活动在促进幼儿注意力发展的作用不是很大，尤其是对幼儿中枢神经系统内抑制这项功能的作用较差。体育活动对注意力这方面的要求也不是很高，所以，幼儿现在拥有的注意力足以应付大多数的体育活动。任何活动都需要集中注意力，但体育活动的注意力集中时间较短，特别是在变换中进行的活动，注意力转移很快，不需要幼儿长时间集中注意力。

3. 体育活动对促进幼儿社会交往能力发展的影响

体育活动能有效提升幼儿社会交往的能力。体育活动是一项集体参与的活

动，这就需要幼儿去承担各种不同的角色来完成游戏，所以幼儿可以从中学会如何与人进行交往，如何与人团结合作，有助于幼儿社会交往能力的提高。

4. 体育活动对促进幼儿意志品质发展的影响

通过体育游戏等活动，幼儿能够自觉且独立地按照教师的要求去做，对教师或者家长的依赖性就会变小，进取心就会加强，而且在克服困难方面更具有勇气和吃苦的精神。体育活动有助于幼儿意志品质的发展，在室内组织体育游戏活动的时候，教师应注意强调游戏的规则与游戏的要求，组织严密，分组合理，缩短幼儿等待的时间，这样才能更好地提高幼儿参与游戏和自觉遵守各种规则的能力，使幼儿养成良好的纪律意识，促进幼儿意志品质的良性发展。

5. 体育活动对促进幼儿思想品德（幼儿集体意识）发展的影响

思想品德指的是个人根据一定的社会道德原则与规范进行活动时所表现出的一些稳定的心理特征及倾向。它主要包括对道德的认识、道德意志、道德情感、道德行为及习惯等方面的心理成分。尽管幼儿以自我为中心的意识是心理健康发展的一个必经阶段，但这对幼儿个性的健康发展及社会化的过程有着很严重的制约作用。所以，帮助幼儿克服以自我为中心的意识，培养出以集体为中心的意识，就是对幼儿进行教育的一个很重要的内容。通过阳光体育活动，能培养幼儿的集体主义精神，尤其是在对集体的荣誉进行维护时，幼儿的坚决意志表现得非常突出，互助精神和利他行为在体育竞赛中更是集中显现，从维护集体荣誉的行为中能看出他们思想品德的进步。

6. 体育活动对促进幼儿情绪情感发展的影响

体育活动对幼儿情绪与情感发展的影响是积极向上的，在增加幼儿自信心方面的作用尤为明显。幼儿对事物有了足够的自信心，那么在做任何事的时候都会变得更加积极主动，非常有助于幼儿身心的全面发展。

三、结论与建议

通过对体育活动促进幼儿身心健康发展各方面的分析和研究，我们可以得出如下结论：

1. 体育活动能够促进幼儿身体素质的提高

体育活动能够全面发展幼儿的跑、跳、投等基本动作的活动能力，增强幼儿的体质，促进幼儿身体的正常发育，提高身体素质。

2. 体育活动能够促进幼儿心理健康发展

体育活动之所以有吸引成千上万人的特殊魅力，主要是因为它能使大家在所选择的活动当中以及迎接身心上的挑战的时候，产生兴奋感和满足感。幼儿在体育游戏活动当中产生的这些兴奋感与满足感，也是不断地促进他们身心健康发展的一个主要动力。

3. 体育活动能够促进幼儿全面协调发展

体育活动对幼儿的意志品质、集体意识、身体素质、情绪情感方面的发展具有积极的指导意义。它不但可以激发及培养幼儿对体育游戏活动的兴趣，还能很好地发挥幼儿的积极性、主动性及创造性，能更好地培养幼儿勇敢、机智、团结、互助合作及不怕挫折等方面的良好品质，形成良好的个性，实现全面发展。

建议：教师要充分认识和挖掘幼儿体育活动的作用，合理地组织幼儿开展体育活动，提高体育活动的质量，更好地发挥体育活动的教育作用，促进幼儿全面发展。

【参考文献】

[1] 吴雪玲.体育游戏在幼儿素质教育中的作用［J］.体育学刊，2003（4）.

[2] 杨保建.试论体育游戏对儿童少年社会性发展的作用［J］.中国体育科技，2002（6）.

[3] 林海平，牛晓桦.远足活动促进幼儿身心健康全面发展的研究［J］.体育学刊，2000（1）.

[4] 刘琪，洪燕燕.体育游戏对幼儿健康人格发展的探讨［J］.山东体育学院学报，2006（6）.

巧用乡土资源，开展体育运动

梅州市五华县实验幼儿园　李　威

《幼儿园教育指导纲要（试行）》中提出："环境是重要的教育资源，应通过环境的创设和利用，有效地促进幼儿的发展，要充分利用自然环境和社区的教育环境。""教育活动的组织和实施过程是教师创造性地开展工作的过程。"作为农村幼儿园，各幼儿园虽居于不同的地理位置，但都有着丰富而独特的自然资源，多彩的世界中可作为教育内容的素材太多了，如广阔的田野、丰富的农作物、神秘奇特的昆虫等。我们农村幼儿园自然环境丰富，蕴藏着真实的、多彩的教育资源。我们的教育内容来自幼儿周围的生活环境。农村幼儿园的教育方法应自然化，让幼儿顺其自然地主动学习，主动将教育目标转化为兴趣，将教育内容转化为一种内在的需求。教师要给幼儿更多的时间和空间，使他们深入现场和情境，与环境直接互动，通过发现式学习，获得整体和谐的知识经验。

乡土教育资源，是具有本土特色，贴近幼儿生活，能在教育中发挥重要作用的一种资源。农村幼儿园有着丰富的自然资源，山、石、木、竹、农田、瓜果等都可成为幼儿体育活动的丰富资源。我们可以以乡土体育活动为载体，利用本土化的自然资源，开展丰富多彩的幼儿乡土体育活动，促进幼儿健康发展，增强幼儿对体育活动的兴趣，提高其动作的协调性、平衡性等，以及对环境的相互作用的能力。如何利用乡土教育资源开展体育运动呢？我们的做法如下。

一、积极创设有利于幼儿开展活动的场地和空间

为了给幼儿创设一个开放性的乡土体育环境，提供便于幼儿自由操作和灵活取用的设施和材料，让幼儿随时都可以进行体育锻炼，我们需要对幼儿园自然物质环境、现有场地进行修整，幼儿园的每一个角落在教师的精心布置下，成为幼儿开展健康活动的区角，为幼儿充分开展体育活动提供了条件。例如，具有农村特色的、适合幼儿活动的木头区（木桩、圆桶、小桥、平衡木等）、车区（小货车、手推车、玩具马车等）及球区、玩沙区等，可以锻炼幼儿的协调能力、平衡能力、灵活性和力量；把花坛的围栏巧妙地设计成小长城，幼儿随时可以在上面坐一坐、走一走、跳一跳、跨一跨；利用内活动场投放的废旧轮胎，幼儿可以钻、爬、跳山羊、过小桥；围墙上安装了动物投掷箱，幼儿随时可以用皮球、报纸、沙包进行投掷练习。

同时，在晨间游戏活动时，我们在场地四周设立了不同大小的轮胎和竹梯让幼儿尽情爬爬、钻钻、滚滚、跳跳……最大限度地利用农村自然资源，用一些传统的、生态化的活动材料，以复合型的方式，创设幼儿户外活动环境，为幼儿积极自主地参与活动提供条件。

二、选择带有浓厚乡土气息的体育活动内容

1. 丰富多彩的晨间体育游戏活动

《幼儿园教育指导纲要（试行）》指出："培养幼儿对体育活动的兴趣是幼儿园体育的重要目标，要根据幼儿的特点组织生动有趣、形式多样的体育活动，吸引幼儿主动参与。"

晨间游戏是进行体育锻炼的绝佳时期，幼儿沐浴在晨光中愉快地游戏，这是一幅多么美妙的图画。但是现在我园幼儿晨间活动的内容与形式非常单一，为了改变这一情况，我们设计了多种形式的活动，制作了各种适合幼儿游戏的小型体育器械，以丰富的活动内容与形式，改善活动的质量。比如，开始活动前我们设置"快乐扭一扭"环节，幼儿可以跟着音乐跳一跳、扭一扭，做活动前的热身，活动一下全身骨关节；或在塑胶跑道上赤脚竞走，刺激一下脚底各穴位，这对幼儿的健康有利。然后分组开展一些如"滚草垫""绕瓶子""套

圈圈"等具有乡土特色的体育活动,让幼儿在与乡土资源材料的互动中,获得快乐的情感体验。

2. 编排形式多样的体操

体操是户外活动的重要内容,但是一成不变的形式让人泄气,激发不了幼儿高昂的情绪。我们改变单一、传统的广播操形式,在广播操前加入了律动——幼儿根据音乐跳起欢快、激昂的集体舞,甚至还可以打破班级与班级之间的界限共舞,有利于幼儿之间的交流与帮助。晨间操也不再是单一的手舞足蹈,根据音乐节奏,教师自创了一套"矿泉水瓶碰碰操",在原来模式(伸展运动、下蹲运动、扩胸运动等)的基础上,幼儿再双手各握一个矿泉水瓶,进行"矿泉水瓶碰碰操",矿泉水瓶发出来的一致脆响,极大地激发了幼儿锻炼的欲望。

三、搜集民间体育游戏以丰富幼儿园体育游戏

民间体育游戏可以分为走跑类、跳跃类、投掷类、对抗类、负重类、娱乐表演类、杂艺助兴类、集中注意力类、放松类、室内类等游戏。从中可以看出,民间体育游戏完全可以满足幼儿的动作发展需要。比如,教师可以开展"贴烧饼"活动,发展幼儿快速跑的能力;"跳竹竿"可以锻炼幼儿的跳跃能力;"梅花桩""踩高跷"可以锻炼幼儿的平衡能力。但是教师在选取民间体育游戏时需要根据幼儿的年龄特点来开展,比如,小班幼儿可以玩"丢手绢""切西瓜""炒黄豆"这些韵律感很强、情节性很强的游戏,幼儿玩起来也更容易接受;到了中班,教师可以开展"老鹰捉小鸡""抬轿子"这些相对有些难度的游戏;到了大班,就可以选择一些具有挑战性、难度较大的游戏,如"滚铁环""跳绳""踢毽子"。民间体育游戏是乡镇幼儿园所特有的资源,教师可以充分挖掘和利用民间体育游戏,开展丰富的体育游戏活动,促进幼儿动作技能不断发展。

新的体育课程改革着重突出了"健康第一"的指导思想,这就充分说明了幼儿的健康发展才是体育教育的灵魂所在。由此,新课程下的体育活动已不再局限于简单的体育技能与技术的传授,体育活动场地也不再固定于园内的户外

活动场地。我们要从幼儿身心的全面健康发展考虑，去选择合适的本土教材、内容、教法，想方设法去研究和开发我们自己的乡土教材，利用自然资源，吸收和利用一切有利于幼儿健康发展的体育活动，让幼儿愉快地在自然环境中参加体育活动，促进幼儿身体素质的发展。

结合实际开展幼儿民间体育游戏教育活动，促进幼儿德智体全面发展

——论民间体育游戏在幼儿园教育活动中的作用

梅州市梅县区实验幼儿园　余秀华

《幼儿园教育指导纲要（试行）》明确指出："幼儿园必须把保护幼儿生命和促进幼儿健康放在工作首位""培养幼儿对体育活动的兴趣是幼儿园体育的重要目标，要根据幼儿的特点组织生动有趣、形式多样的体育活动，吸引幼儿主动参与。"民间体育游戏的加入，既能丰富幼儿园体育活动内容，又能促进幼儿身心全面和谐发展。提起童年，每个人都能回忆起儿时玩过的游戏："老鹰捉小鸡""滚铁环""跳皮筋""踢毽子""丢手绢""捉迷藏""跳房子"等。这些民间体育游戏给我们的童年带来了无穷的乐趣，也给我们每个人都留下了美好的回忆。如今的幼儿，玩具应有尽有，不少幼儿常常躲在家里足不出户，看电视、玩手机、玩电脑，很少到户外进行锻炼，交往意识、合作精神十分欠缺。因此，我们要充分挖掘和利用民间体育游戏的资源，创设良好的民间体育游戏环境，把民间体育游戏融入幼儿的教学教育活动中，这既可以充实幼儿的体育游戏内容，还能增强幼儿体质，更好地促进幼儿身心健康发展。

一、民间体育游戏的来源和特征

民间体育游戏是人们生活中自创的游戏形式，不仅简单易学，趣味性强，而且能促进幼儿各方面的发展。在开展民间体育游戏的过程中幼儿不仅可以了解和传承本地和本民族传统文化，还能受到本地和本民族传统文化的熏陶。在玩的过程中，幼儿亲近生活，了解生活，知晓了更多习俗，通过模仿现实生活中人物的行为，会很容易建立起民族认同感，在心理上产生亲切感，从而培养民族情感。

根据资料分析和实践研究，我们把幼儿的民间体育游戏定位为来自民间体育游戏内容，符合幼儿年龄特点和身心发展规律，能促进幼儿运动能力发展的体育游戏。民间体育游戏主要有以下几个特点：

1. 简单易玩

民间体育游戏简单易玩，有的游戏只需要幼儿借助身体的某些部位就可以玩，如"木头人""石头剪刀布"等；有的只需两名或几名幼儿互相配合就可以玩，如"炒黄豆"等。此外，民间体育游戏大多不受场地、时间等限制，幼儿随时随地可以进行游戏。

2. 有趣好玩

民间体育游戏大多配有朗朗上口的儿歌，这些儿歌形象、生动、通俗易懂、韵律优美，如开展"炒黄豆"游戏时所唱的歌谣节奏感很强，幼儿可以边唱边跳。民间体育游戏让幼儿百玩不厌，还能体验运动带来的快乐。

3. 丰富多样

民间体育游戏丰富多样，包括娱乐性游戏，如"编花篮""跳皮筋"等；技能性游戏，如"造房子""跳绳""踢毽子"等；竞赛性游戏，如"赶小猪""爱我你就抱抱我""石头剪刀布"等，这些游戏能满足幼儿身心各方面发展的需要。

二、民间体育游戏在幼儿一日生活中的运用

幼儿园一日活动是指幼儿从来园到离园的整个过程，包括体育锻炼、学习、游戏、进餐、午睡、离园等各项活动。这些活动对增强幼儿体质、激发求知欲、培养良好的行为习惯、促进幼儿社会化都起着不可低估的作用。幼儿民间体育游戏的种类丰富多样，怎样在一日活动中按各环节的实际要求安排合适的民间体育游戏呢？

1. 把民间体育游戏融入晨间户外体育活动中

常言说：一年之计在于春，一日之计在于晨。幼儿园的晨间活动是幼儿园体育活动的一种形式，也是确保幼儿每日2小时户外活动的基本途径。晨间，空气新鲜，幼儿的精力充沛，体力旺盛。晨间活动开展得好，有利于幼儿创造能力的培养，有利于幼儿的身心和谐发展，所以我们准备了可以培养幼儿合作精神的民间体育游戏，如"跳皮筋""跳竹竿""跳绳""踢毽子""滚铁环"等。幼儿自由选择游戏材料，可以一个人玩，也可以和同伴一起玩。在宽松的户外活动中，幼儿真正体验到了游戏的乐趣。

2. 把民间体育游戏融入教育教学活动中

在教育教学活动中，我们主要根据幼儿的年龄特点和班级的实际情况，按教学目标选用适当的民间体育游戏。例如，中班上学期制定的促进幼儿动作发展的目标之一为"跑"，即在一定范围内四散地追逐跑。教师在制定活动时按班级的实际情况分别选择"老狼老狼几点了""捉迷藏"等民间体育游戏，它们能基本实现在一定范围内四散地追逐跑的目标，且游戏的形式活泼有趣，幼儿在愉快的游戏中可以锻炼跑的动作。

3. 把民间体育游戏融入过渡环节中

幼儿在幼儿园的一日活动不同环节的过渡中有许多零散时间。例如，幼儿来园后、离园前、饭后等。在各个环节的过渡中，笔者觉得可以为其准备一些如"拉绳""踢鸡毛毽子""找东南西北""石头剪刀布"等活动，穿插在零散时间中进行。笔者觉得应特别重视"来园"这一个环节，因为来园是幼儿愉快地开始一天生活的关键。教师应在营造温馨温暖环境的同时，为其准备一些发展小肌肉或手眼协调能力的儿童民间体育游戏，如"七巧板""石头剪刀布""造房子"等，幼儿可以选择一个人玩，也可以和同伴一起玩，能使其在游戏中发展小肌肉动作和手眼协调能力的同时获得愉悦的心情和体验。离园也是一天活动中的关键环节，这时的幼儿情绪较不稳定，教师容易"顾此失彼"。为了在保证安全的同时，让幼儿学会安静、有序地离开活动室，教师可为其提供"弹蚕豆""拍手"等游戏。这样不仅使幼儿一日活动的各个环节过渡自然，还减少了幼儿排队和等待的时间，体现了动静交替的原则。

三、民间体育游戏在幼儿生活中的运用

1. 广泛收集、整理、改编民间体育游戏

教师应以《幼儿园教育指导纲要（试行）》为指导，充分挖掘客家本土资源文化，收集客家民间体育游戏，促进幼儿健康发展。例如，教师可以把"辍屋子""丢沙包""跳皮筋""捉迷藏"等经典的民间体育游戏进行改进后再在幼儿园体育活动中实施开展。如被列入梅江区现有县级非物质文化遗产保护名录中的"辍屋子"（也就是跳房子），小时候，是用粉笔在地上画"房子"来玩这个游戏。由于幼儿园环境设施的改变，我们可用固定的或用废旧材料自制的立体"房子"来完成。这样不但可以保护环境，而且材料随处可取。又如，我们可先把客家话版本的儿歌改编成普通话让幼儿感受，等听熟悉了再把儿歌还原回客家话。拿"打石子"游戏来说，石子易找、场地好寻，可以独自打，也可以多人比赛。动作看似简单，实际上是颇有难度的，如在右手虎口处以两指围成小圆圈，让空中落下的石子准确无误地落入小圈中，没有熟练的技术是不可能完成的。这个游戏可以训练大班幼儿眼、脑、手、口的反应能力，只有上述四者配合得好，才能得心应手，毫无差错。玩"打石子"游戏时念的词如下："手智手，拈一手；手智颗，抓三颗；三颗坠，缀两个；覆孩子，挪孩毛；一手抓绝颗。"

2. 创设民间体育游戏环境，激发幼儿对民间体育游戏的兴趣

《幼儿园教育指导纲要（试行）》明确指出："环境是幼儿园重要的教育资源，应通过创设并有效地利用环境促进幼儿的发展。"幼儿园应为幼儿提供健康、丰富的生活和活动环境，满足他们多方面的需要，使他们在快乐的童年中，获得有益于身心发展的体验。

（1）利用户外场地开展活动。

我们幼儿园户外场地十分宽阔，草地成片，绿树成荫，柔软的塑胶场地便于幼儿游戏、追逐。我们充分利用自然资源，丰富游戏环境和材料：在平整的塑胶场地上画上五颜六色的方格房子；让幼儿在小树林里玩"捉迷藏""老鹰捉小鸡"、在沙池里玩"筑城堡"的游戏等。

（2）利用废旧材料自制灵活多样的体育器械来开展游戏活动。

例如，在开展"赶小猪""打保龄球"等活动时，我们根据不同年龄阶段幼儿的发展需要，精心设计、丰富活动区材料，如在活动区为幼儿投放纸球、跳绳、沙包、毽子、轮胎等；还充分发动家长和幼儿共同收集废旧物品制成体育器械，如用奶粉瓶制成高跷、用月饼盒制成迷宫等，幼儿活动时自由选择活动器械，自由玩耍。这些游戏，即使幼儿的体能得到了锻炼，也激发了幼儿对民间体育游戏的兴趣。

（3）加强与家庭社区的合作与联系。

《幼儿园教育指导纲要（试行）》总则中指出："幼儿园应与家庭、社区密切合作，综合利用各种教育资源，共同为幼儿的发展创造良好的条件。"民间游戏来自生活，许多家长都会玩，幼儿园通过开展"全家总动员，游戏大征集"活动，发放调查问卷向广大家长及社区中的老人请教，征集民间体育游戏；家长通过和自己孩子一起玩民间体育游戏，也可以了解幼儿在幼儿园中的发展情况。

民间体育游戏是中国传统文化中的一块瑰宝，它焕发着智慧的光芒，是儿童快乐的源泉。

【参考文献】

[1] 中华人民共和国教育部.幼儿园教育指导纲要（试行）[M].北京：北京师范大学出版社，2001.

[2] 肖海月.幼儿园晨间户外活动的新思路[J].儿童与健康，2013（3）.

区域性体育活动环境的创设

梅州市梅县区实验幼儿园　夏嫦珠

　　幼儿园区域性体育活动是教师根据幼儿园环境，因地制宜地创设不同的运动区域；教师根据幼儿的身体素质和运动能力，投放不同的运动材料；幼儿根据自己的兴趣爱好自由选择区域、自由选择玩伴、自由选择内容的一种体育活动形式。

一、从大处着眼规划，关注区域的合理性

　　在开展区域性体育活动前，需要根据幼儿园的实际情况，对全园的活动场地进行全面规划：什么地方适宜设置哪些区域，需要多大的空间，怎样利用周围的环境设施，等等。我们充分挖掘本园的环境资源特点，因地制宜，合理布局，将周围环境和运动区域进行有效结合。

　　例如，旋转楼梯拐角处比较低矮，可放置"纸箱迷宫钻爬组合"；旁边圆形的紫藤架悬挂着呼啦圈，可供幼儿练习钻圈；幼儿还可以在邻近的小竹林山坡上自由爬上爬下，山坡边摆放了拱形门，"钻爬区"就应运而生了；操场边的水泥小路上有一排"城堡"，我们在"城堡"上贴上"灰太狼"或"敌人"等图片，幼儿就可以在此练习投掷，在"城堡"尽头还可练习远距离投掷，投掷材料被放置于"城堡"中，由此形成了一举数得的"投掷区"；游泳池边的塑胶地被规划成"跳跃区"，幼儿既可以在塑胶地和邻近的"蹦床"上自由蹦跳，还可利用葡萄架上悬挂的高低不同的铃铛练习纵跳触物；游泳池还可用来练习从高处往下跳；我们还充分利用沙池，在边沿固定废旧轮胎，中间设置

"梅花桩"，池外小路上放置平衡木等，规划成"平衡区"……

二、从小处入手创设，关注发展的全面性

幼儿身体的发展是全方位的，而任何一项体育运动都只能锻炼某一种或几种动作技能。因此，我们在梳理了3~6岁幼儿动作发展的基本经验后，以全面发展幼儿的身体为立足点，按基本动作设置活动区域，包括走跑区、投掷区、钻爬区、平衡区、跳跃区、攀登区等，以满足幼儿不同运动项目的需要，尽量避免身体锻炼的片面性和不平衡性。但总体来说，区域的设置是相对稳定又不一成不变的。

例如，我们根据幼儿动作发展的情况增加了按材料划分的球类区和车类区，各种各样的球和车激起了幼儿尝试的欲望、运动的激情，从而给了幼儿更大的选择余地。同时，随着季节的变化，我们还要灵活调整，在寒冷的冬季适当增加运动量较大的跑跳内容，在炎热的夏季增设玩水区等。这样，区域性体育活动中既有锻炼量大的区域，也有活动量小的区域；既有上肢的锻炼，又有下肢的锻炼；既有基本动作的锻炼，又有帮助提升综合素质的活动，从而组合成一个有机的整体，使幼儿获得多种运动体验，身体得到全面发展。

三、标识外部环境，关注活动的安全性

区域性体育活动具有愉悦性、开放性的特点，这种活动更需要将安全原则贯穿始终。场地的安全、材料的安全、游戏的安全、幼儿的安全都是成功开展活动的先决条件。我们将这些安全因素融入场景设置中，标识外部环境，让幼儿了解各运动区域的场地、材料及活动的注意事项，为幼儿充分地运动做好周密的铺垫。

例如，不同班级的幼儿戴不同颜色的胸牌，利于区域教师分辨指导；通过区域入口处的鞋印、插牌、挂钩（胸牌）等的数目控制进区活动的人数；区域的地板上、器械上的箭号指引幼儿运动的方向。同时，每个区域都有"标志牌"，图文并茂地介绍该区域的内容、玩法、注意事项等。如在攀登区，我们拍摄幼儿正确的攀登、翻越竹梯的姿势，并将相应照片贴在该处。另外，我们还设计禁止标志牌，标志牌上画上爬竹梯的危险动作，并打上醒目的斜杠警示，这

样正误对比的展示，简明易懂地提醒了幼儿应注意的动作要领和安全要求。

马拉古奇曾说："环境是教育的一个组成部分，环境具有教育的内涵。教育是由复杂的、互动的关系所构成的，也只有环境中各个元素的参与才是许多互动关系实现的决定性关键。"所以，在创设幼儿园公共环境与个性化环境中，要把握多角度教育的内涵。例如，教育幼儿的角度、教育家长的角度、教育师资的角度和教育社会的角度等多种角度，使环境教育领域的功能特色得以充分体现，使不同人群均拥有交流、体验、获得、感悟、发展的空间。这也实现了著名教育家蒙台梭利的观点："教育的基本任务是让幼儿在适宜的环境中得到自然的发展。"